N0413274

ULRICH SCHLIEWEN

mein Aquarium

INHALT

1 Typisch Fische

2 So fühlen sich Ihre Fische wohl

6 Aquarien und Biotope im Porträt

Nachwuchs im Aquarium

7

Was tun, wenn es Probleme gibt?

8

Anhang

Mit Poster: So geht's Aquarienfischen rundum gut

1. Typisch Fische

Fische sind faszinierende Lebewesen mit überaus interessanten Verhaltensweisen. Über ihre Anpassungsfähigkeit an die verschiedensten Umweltbedingungen kann man nur staunen!

Wo Fische zu Hause sind und wie sie leben

Die erfolgreiche Pflege eines Aquariums hängt davon ab, inwieweit Sie einen vollwertigen Ersatzlebensraum für Fische und Pflanzen schaffen können. Dafür ist das Wissen um die Bedürfnisse von Fischen und Pflanzen die wichtigste Voraussetzung.

FISCHE HABEN FAST ALLE Süßwasser-Lebensräume der Erde besiedelt, von lichtlosen Höhlen bis zu Hochgebirgsseen. Die meisten der beliebten Aquarienfische stammen jedoch aus einer vergleichsweise kleinen Anzahl Lebensräume, die sich auf Flüsse, Bäche, Seen, Sümpfe und Mangrovengebiete in den Tropen verteilen.

Verschiedene Lebensräume

Viele Aquarienfische stammen aus verkrauteten Stillwasserbereichen größerer und kleinerer Fließgewässer, der Seen und Sümpfe. Dort wachsen oft dichte Bestände zarter und feinfiedriger Wasserpflanzen. Wo diese nicht gedeihen, bieten ins Wasser hängende Landpflanzen Versteckplätze für die Fische und Nährtiere. Manche kleinen Bäche weisen nur einen Wasserstand von wenigen Zentimetern auf. In felsigen Bächen mit starker Strömung leben viele Fische entweder im Strömungsschatten der Steine oder verfügen über saugnapfartige Flossen oder Mäuler, mit denen sie sich an den Steinen festhalten können. Größere Bäche und Flüsse weisen viele unterschiedlich strukturierte Lebensräume auf, in denen Fische Schutz vor Fressfeinden und einen reich gedeckten Tisch vorfinden.

Vor allem in Buchten und in der Regenzeit in Überschwemmungszonen bedeckt eine manchmal halbmeterdicke Falllaubschicht den Gewässergrund, die von vielen Fischarten aufgesucht wird. Felsige Stromschnellen oder tiefere Bereiche mit Sandgrund und eingelagerten Steinen oder Totholz stellen alternative Lebensräume mit vielen Versteckmöglichkeiten dar. Die großen Seen Ostafrikas Malawi und Tanganjika bieten ganz eigene Lebensräume mit meist nur dort vorkommenden (endemischen) Fischarten. Vor allem die

Aquarienfische sind nicht immer Wildfänge, sondern stammen oft aus Zuchten. Auch diese schöne Zuchtform des Kampffisches kommt in der Natur nicht vor.

Die schönsten Aquarien sind meist solche, die den **natürlichen Lebensraum** ihrer tropischen Bewohner in der Natur nachbilden.

Arten aus Felsbiotopen, aber auch solche aus Sandbiotopen und des Freiwassers sind aquaristisch bedeutsam. Schließlich stammen viele Arten aus Mangrovenbereichen und Brackwassertümpeln im Übergangsbereich zwischen Süß- und Meerwasser. Diese Lebensräume ähneln Gewässern der Stillwasserzonen größerer Flüsse oder verkrauteten Stillwasserzonen, nur dass dort salztolerante Wasser- oder Sumpfpflanzen leben.
Die verschiedenen Lebensräume stellen ganz unterschiedliche Ansprüche an den Körperbau, die Ökologie und das Verhalten der Fische. Vielfältige Anpassungen an diese Bedingungen haben sich im Lauf der Jahrmillionen bei den verschiedenen Arten herausgebildet. Entsprechend seiner arttypischen Anpassungen und Spezialisierungen kommt jedes Fischindividuum nur unter ganz bestimmten Bedingungen zur vollen Entfaltung seiner spezifischen Lebensart. Die Spezialisten unter ihnen kommen nur mit einem sehr engen Bereich von Lebensbedingungen zurecht, während die Generalisten mit einem weiten Spektrum vorlieb nehmen. Viele Aquarienfische, die auch Anfängern für die Haltung empfohlen werden, sind Generalisten. Einige Arten, darunter auch sehr beliebte wie der Rote Neon (*Paracheirodon axelrodi*), benötigen aber ganz besondere Wasser- und Lebensraumverhältnisse auch im Aquarium. Beide Typen sind aber dennoch »Erfolgsmodelle der Evolution«, weil sie sich erfolgreich über lange erdgeschichtliche Zeiträume in ihrer jeweiligen Umwelt etabliert haben.

Flossensauger sind durch »Saugflossen« extrem an eine starke Strömung angepasst.

Anpassen heißt überleben

Welche Anpassungen sind es, die eine Fischart zu einem »Erfolgsmodell« machen?
Nahrung: Die für das Überleben wichtigsten Anpassungen betreffen zu allererst die Art und Effizienz, mit der die Tiere Nahrung finden und verarbeiten können, denn ohne eine ausreichende Ernährung kommt es gar nicht erst zur Fortpflanzung, dem Schlüssel zum Überleben, und damit zum evolutionären Erfolg. So paradox es klingen mag, ein Schlüssel zum Erfolg einer Art kann die Fähigkeit sein, aus vielen verschiedenen Futtertierangeboten in der Natur einen Nutzen ziehen zu können. Die flexiblen Generalisten sind nicht auf eine bestimmte Nahrung spezialisiert.

So konnte z. B. bei Fischarten aus dem südamerikanischen Rio Negro, aus dem sehr viele Aquarienfische importiert werden, festgestellt werden, dass die meisten der mehreren hundert Arten dieses Flusses nicht nur ein, sondern viele verschiedene Nahrungspartikel im Magen hatten. Die alternative Strategie, nämlich die Spezialisierung auf eine bestimmte Nahrung, kann ebenfalls erfolgreich sein, wenn man durch die Spezialisierung beispielsweise in der Maul- und Körperform eine Nahrungsquelle erschließt, die anderen Arten entweder nicht oder nicht leicht zugänglich ist. So können z. B. besonders langschnäuzige Fische wie Tamandua-Nilhechte hervorragend aus kleinsten Löchern nahrhafte Insektenlarven herausholen, an die kurzschnäuzige Fische nicht herankommen. Dieser Vorteil kann allerdings zum Nachteil werden, wenn diese Spezialisten mit Generalisten um leicht verfügbare Nahrung konkurrieren müssen, was im Aquarium oft der Fall ist. Während die Generalisten in kurzer Zeit alles auffressen, kommen die mühsam einzelne Futterpartikel herauslesenden Spezialisten unter solchen Konkurrenzbedingungen nicht zum Zug und verhungern, wenn sie nicht gesondert gehalten und gefüttert werden. Erfolg ist daher immer eine Frage der jeweiligen Konkurrenzbedingungen.

WUSSTEN SIE SCHON, DASS …

… viele Fische einen elektrischen Sinn haben?

Haben Sie sich schon einmal gefragt, wie es manchen Fischen gelingt, darunter beispielsweise auch Haien, erfolgreich in völliger Dunkelheit zu jagen? Das funktioniert deshalb, weil viele Lebewesen durch die Muskelbewegungen schwache elektrische Felder erzeugen. Diese elektrischen Felder können Haie und andere Fische mit hochsensiblen Organen, den so genannten Elektrorezeptoren, wahrnehmen. Einige Fische, darunter bestimmte Welse, Messerfische und Nilhechte, sind jedoch nicht nur in der Lage, elektrische Felder wahrzunehmen, sondern verfügen auch über die Fähigkeit, besondere eigene elektrische Ladungen zu erzeugen. Diese elektrischen Ladungen nutzen sie, um etwas zu orten und manchmal auch zur Kommunikation. Mit anderen Worten, sie »unterhalten« sich sozusagen »elektrisch«. Dabei kann jede Art durchaus ihren eigenen elektrischen Dialekt haben.

Fortpflanzung: Ein weiterer Schlüssel zum Erfolg ist die Fähigkeit, sich trick- und erfolgreich fortpflanzen zu können. Während die meisten Fischarten ihre

befruchteten Eier in großer Zahl wahllos in das freie Wasser oder in Pflanzendickichte abgeben und sich nicht weiter um sie kümmern, sind die brutpflegenden Arten dann im Vorteil, wenn »Klasse statt Masse« angesagt ist. Sie produzieren relativ wenige, dafür aber größere Eier, aus denen auch größere Jungfische schlüpfen, die sie über lange Zeit pflegen und gegen Fressfeinde verteidigen. Zu diesen Brutpflegern gehören die meisten Buntbarsche.
Lebendgebärende Zahnkarpfen, zu denen etwa Guppy und Schwertträger gehören, verzichten dagegen ganz auf die umständliche Brutpflege von Eiern und Jungfischen, sondern gebären große lebende Jungfische, die sofort nach der Geburt eigenständig sind. Die nicht brutpflegenden Arten sind allerdings gegenüber den Brutpflegern im Vorteil, wenn es darum geht, möglichst schnell möglichst viele Junge zu produzieren. Doch nur wenige dieser Jungfische haben überhaupt eine Überlebenschance, weil sie z. B. zu den stark verfolgten Beutetieren von anderen Fischarten gehören.

Faszinierend sind die Sandkrater der balzenden Männchen vieler Buntbarsche Ostafrikas. Mit möglichst »tollen« Kratern versuchen sie so, Weibchen zur Eiablage zu bewegen.

Die Anatomie der Fische

Die Anatomie der Fische spiegelt die vielfältigen Anpassungen an das Leben im Wasser wider.
Körperform: Die jeweilige Körperform ist darauf ausgerichtet, den Fischkörper in dem im Vergleich zur Luft zähen Medium Wasser zu stabilisieren und den Strömungswiderstand möglichst gering zu halten. Abhängig von den Strömungsverhältnissen und der bevorzugten Region (Bodenregion oder Freiwasser), in der sich der Fisch aufhält, unterscheidet sich die Körperform. Die klassische Fischform, seitlich abgeplattet und leicht hochrückig, zeichnet viele Freiwasserfische aus, die nicht mit allzu starker Strömung zurechtkommen müssen, z. B. Küssende Guramis. Besonders hochrückige Fische, z. B. Skalare, stammen meist aus Stillwasserzonen. Freiwasserfische aus schnell fließenden Gewässern weisen wie z. B. der Zebrabärbling einen kompakten, eher drehrunden Körperquerschnitt auf. Boden- oder Oberflächenfische sind entweder bauchseitig beziehungsweise rückenseitig abgeflacht. Natürlich gibt es eine Reihe von Ausnahmen, die sich nicht in diese Kategorien pressen lassen, z. B. die schlangenartigen Süßwassernadeln, die sich eingrabenden Plattfische oder die Kugelfische.
Schuppenkleid: Umgeben ist der Fischkörper der meisten Fische von Schup-

pen, die dachziegelartig in die Haut der Fische eingebettet sind. Die Schuppen verleihen dem Fischkörper zusammen mit den innen liegenden Knochen (»Gräten«) Halt und bieten bis zu einem gewissen Grad auch Schutz vor Fressfeinden. Allerdings haben nicht alle Fische Schuppen, manche sind »nackt«, andere haben einen Knochenpanzer. Die alles überdeckende Schleimhaut ist besonders empfindlich, weil sie sich leicht abreibt. Sie übernimmt durch eingelagerte Schutzmoleküle eine wichtige Funktion zur Abwehr von Krankheitserregern, und durch ihre Elastizität verringert sie den Strömungswiderstand des Fischkörpers.

Flossen: Sie dienen zur seitlichen Stabilisierung des Fischkörpers im Wasser und als Antriebsorgane zur Fortbewegung. Bei manchen Fischarten sind sie allerdings stark vergrößert (oft bei den Männchen), um das Tier bei der Balz imposant erscheinen zu lassen. Bei wieder anderen Arten sind sie zu Tastorganen (z. B. bei den Fadenfischen) oder Kopulationsorganen (z. B. bei Lebendgebärenden Zahnkarpfen) umgestaltet. Man unterscheidet Rücken-, Schwanz- und Afterflossen sowie die paarigen Bauch- und Brustflossen. Bei manchen Fischen fehlen einige dieser Flossen, andere haben mehrere Rückenflossen oder eine zusätzliche kleine Flosse zwischen Rücken- und Schwanzflosse, die Fettflosse.

Schwimmblase: Das gasgefüllte Organ liegt im hinteren Bereich des Bauchraumes. Die Schwimmblase hält den Fisch durch ihren regulierbaren Auftrieb in der Schwebe. Entsprechend haben am Boden lebende Fische oft keine oder eine verkümmerte Schwimmblase, weil sie absinken dürfen.

Kiemen: Mit den Kiemen veratmen die Fische den im Wasser gelösten Sauerstoff. Das sauerstoffreiche Wasser wird durch die pulsierenden Kiemendeckelbewegungen an dem stark durchbluteten Kiemengewebe vorbeigeleitet. Fische aus sehr sauerstoffarmen Gewässern, z. B. viele Labyrinthfische oder Welse, haben oft zusätzliche Atmungsorgane entwickelt, die es ihnen ermöglichen, Luftsauerstoff wie Landtiere zu atmen.

Die Sinne

Die wichtigsten Sinnesorgane der Fische sind die Augen, der Ferntastsinn und der Geruchs- und Geschmackssinn.
Die meisten Fische können mit ihren Augen Farben sehr gut erkennen. Fische mit besonders großen Augen sind meist nachtaktiv oder bewohnen lichtarme Tiefenzonen. Ist es aber ganz dunkel, wie z. B. in Höhlen oder den Gesteinsritzen der Stromschnellen, verkümmern die Augen oft oder sind gar nicht vorhanden.
Die für den Geruchs- und Geschmackssinn spezialisierten Sinneszellen befinden sich in nasenartigen Sinnesgruben auf der Schnauze oder oft am Ende häutiger und manchmal muskulöser Hautfäden am Maul, den so genannten Barteln. Im Dunkeln und Trüben tasten Fische mit Barteln die Umgebung ab und machen sich auf diese Art nicht nur ein geschmackliches, sondern auch ein räumliches Abbild der Umgebung.
Die meisten Menschen wissen übrigens nicht, dass Fische über einen Gehörsinn verfügen und entsprechend gut hören, aber auch Laute von sich geben können. Fische besitzen aber auch noch spezialisierte Sinnesorgane, mit denen sie Druckwellen, die sich im Wasser

Brutpflegende Zebrabuntbarsche gehören zu den aufopferndsten Brutpflegern. Das kontrastreiche Zeichnungsmuster warnt mögliche Feinde vor deren aggressiver Opferbereitschaft.

besonders gut übertragen, wahrnehmen können. Entsprechende Sinneszellen sind entlang der so genannten Seitenlinie oder in der Kopfregion verteilt und bilden den normalen Ferntastsinn der Fische. Fische aus dunklen Gewässern oder nachtaktive Arten weisen oft stark vergrößerte Sinnesporen in der Kopfregion auf. Schließlich können die meisten Fischarten auch schwache elektrische Felder, wie sie durch die Muskeltätigkeit aller höheren Lebewesen produziert werden, mit Elektrorezeptoren wahrnehmen. Einige Fischgruppen haben den elektrischen Sinn perfektioniert und umgestaltet (→ Seite 9).

Verhaltensweisen

Fische gelten landläufig als »dumm«. Doch dem ist nicht so. Viele Fische legen unerwartet vielfältige Lebensäußerungen an den Tag. Sie bedienen sich dabei eines umfangreichen Repertoires von Verständigungsmöglichkeiten und Verhaltensweisen, von denen ich Ihnen an dieser Stelle erzählen möchte. Aspekte des Fortpflanzungsverhaltens finden Sie in dem Kapitel »Nachwuchs im Aquarium« ab Seite 120.

Schwarmverhalten: Am ehesten dem Klischee vom »dummen Fisch« entspricht das ausgeprägte Schwarmverhalten, bei dem sich viele Einzeltiere zu einer stark koordinierten und großen Gruppe zusammenschließen, in der die einzelnen Tiere keine eigenen Entscheidungen zu treffen scheinen, sondern sich dem anonymen Willen des Schwarms unterwerfen. Schwärme dienen dazu, sich gegen Räuber zu schützen, weil es für Raubfische schwierig ist, einen einzelnen Fisch zu fixieren und gezielt anzugreifen – zu groß ist die verwirrende Wirkung dutzender Fischleiber. Die meisten Aquarienfische sind keine echten Schwarmfische, die ihr ganzes Leben im Schwarm verbringen. Sie schließen sich nur in (vermeintlichen) Gefahrensituationen zu einem Schwarm zusammen, beispielsweise wenn ein Raubfisch in ihre Nähe kommt oder wenn sie in eine neue Umgebung z. B. in ein neues Aquarium, gebracht werden. Dennoch sind viele Aquarienfische gesellig und leben in lockeren Gruppen zusammen, wie etwa viele Salmler, Barben und Lebendgebärende Zahnkarpfen.

Territorialverhalten: »My home is my castle« ist der Leitsatz für Fische mit ausgeprägtem Territorialverhalten, also solche, die zeitweise oder andauernd ein Revier verteidigen. Die überwiegende Mehrzahl der territorialen Arten verteidigen nur zeitweise ein Revier, z. B. wenn es in der Fortpflanzungszeit an die Familiengründung geht und z. B. ein so genanntes Brutrevier für die Dauer der Eiablage und Aufzucht der Jungen gegründet wird. Viele Grundeln und alle Buntbarsche verteidigen in dieser Zeit höchst aggressiv einen mehr oder weniger kleinen Fleck mit Vehemenz gegen potenzielle Fressfeinde oder konkurrierende Artgenossen, die auf der Suche nach einem noch freien Brutrevier sind. Im Aquarium kann es in dieser Phase zu Problemen kommen, weil die vorher friedlichen Arten »plötzlich« das gesamte Aquarium als ihr Brutrevier betrachten. Manche Arten sind aber ihr ganzes Leben über territorial, z. B. wenn es um die Verteidigung von ergiebigen, aber nur in begrenztem Umfang verfügbaren Nahrungsplätzen geht. In der Brutzeit wird das Nahrungsrevier dann zum Brutrevier, wobei es oftmals ausgeweitet wird. Übrigens setzen viele Fische Lautäußerungen zur Verdeutlichung ihrer Revieransprüche, aber auch in der Balz ein. Diese Laute werden je nach Art mit unterschiedlichen Organen erzeugt, wie beispielsweise durch Aneinanderreiben von Flossenstrahlen.

Kampfverhalten: Das wohl auffälligste, im Aquarium oft auch folgenreichste Verhalten ist das Kampfverhalten, denn viele Fische kämpfen im Aquarium bis zum bitteren Ende. Unter natürlichen Bedingungen zieht sich der Schwächere rechtzeitig zurück, und der Kampf ist nach einem anfänglichen Kräftemessen

1 **Auch zwischen den Arten** kann es zu Kämpfen kommen. Hier imponieren Männchen zweier Killifisch-Arten voreinander.

2 **Welse**, hier ein Störwels, scheinen kaum Verhaltensweisen zu zeigen. Dieser Eindruck täuscht, denn viele Welse sind nachtaktiv, und oft genügen ihnen nicht sichtbare Verhaltensäußerungen für die Kommunikation.

Fische lernen durch Konditionierung

Fische lassen sich trainieren. Wenn ein Reiz und eine Belohnung im gleichen Zusammenhang auftreten, zeigen die Fische natürliche Verhaltensweisen, beispielsweise das Schwimmen zu einem bestimmten Ort.

Der Test beginnt:

Reichen Sie Futter nur dann, wenn Sie vorher – für die Fische hör- oder sehbar – einen bestimmten Laut von sich geben oder eine bestimmte Bewegung machen. Da die meisten Fische gut hören, können Sie z. B. mit einer Trillerpfeife vor der Fütterung pfeifen. Nach einigen Tagen werden Sie feststellen, dass alle oder zumindest viele Ihrer Fische nach dem Pfeifen zur Fütterungsstelle schwimmen, auch wenn Sie (noch) gar kein Futter gegeben haben.

Mein Testergebnis:

und Imponiergehabe beendet. Die im Aquarium an den Tag gelegte anhaltende Aggressivität vor allem artgleicher Männchen ist darin begründet, dass sich schwächere Tiere dort nicht aus dem Sichtfeld der stärkeren zurückziehen können und deshalb die Flucht nicht immer möglich ist. Dadurch wird der Stärkere immer wieder aufs Neue animiert, den Schwächeren zu vertreiben, und aus dem Kräftemessen wird fast immer ein Beschädigungskampf.

Verantwortungsvoll einkaufen

Mit der Haltung von Fischen, die möglicherweise als Wildfänge der Natur entnommen wurden, befindet sich jeder Aquarianer im Spannungsfeld von Tier- und Naturschutz. Oft wird Aquarianern vorgeworfen, dass ja ein Großteil der Aquarienfische nicht artgerecht gehalten wird und dass nur bei einem Teil der Exporteure und Importeure von Wildfängen optimale Transport- und Zwischenhälterungsbedingungen gegeben sind. Auch deshalb weil es sowohl unter Aquarianern als auch unter den Zierfischexporteuren, -importeuren und Zoofachhändlern schwarze Schafe gibt, ist es besonders wichtig, dass Sie sich beim Kauf und der Pflege Ihrer Fische umsichtig verhalten.

Hinweis: Informieren Sie sich vor dem Kauf über Herkunft, Pflege und Vergesellschaftungsbedingungen der Fischart. Nutzen Sie gute Fachliteratur und das

Wissen des (kompetenten) Zoofachhändlers. Suchen Sie zum Erfahrungsaustausch gleichgesinnte Aquarianer. Gute Möglichkeiten dazu bieten lokale Aquarienvereine sowie Homepages und Chatrooms im Internet.

Kompetenter Rat: Kaufen Sie Fische nur im Zoofachhandel mit kompetenten Fachverkäufern. Ein guter Zoofachhändler wird Sie z. B. nach der Größe Ihres Aquariums und nach dem vorhandenen Besatz fragen.

Keine Billigangebote: Kaufen Sie nicht in Zoofachgeschäften, die mit Billigangeboten lebender Tiere werben. Die niedrigen Kosten für die Fische werden in der Regel erst durch unzureichende Standards bei Transport und Hälterung wirtschaftlich.

Wildfänge

Bisher ist noch keine Süßwasserfischart bekannt geworden, die durch die Aquaristik in ihrem Bestand bedroht ist. Das soll nicht heißen, dass die Entnahme wild lebender Tiere überall und jederzeit problemlos ist. Es soll vielmehr verdeutlichen, dass die eigentliche Bedrohung einzelner Fischarten in der Vernichtung ihrer Lebensräume liegt. Die Nutzung von Wildfängen aus ökologisch intakten Regionen kann sogar manchmal dem Naturschutz eher helfen als schaden. Ein Beispiel dafür ist der Rote Neon (*Paracheirodon axelrodi*). Diese beliebte Zierfischart gehört zu den am häufigsten aus dem Gebiet des Rio Negro in Brasilien exportierten Fischen. In aufwändiger Handarbeit werden die Neons von einheimischen Fängern mit Keschern gefangen, schonend in Netzkäfigen zwischengehältert, gefüttert und über die Amazonas-Metropole Manaus direkt in die Abnehmerländer geflogen. Mit dem Kauf eines Wildfangneons unterstützen Sie indirekt den Naturschutz in dieser Regenwaldgegend. Die einheimischen Fänger können Neons nur aus intakten Regenwaldgebieten fangen, und deshalb beruht sowohl die Existenz des Neons als auch die der Fischfänger auf intaktem Regenwald. In speziellen Naturschutzprojekten wird deshalb auf die nachhaltige Nutzung des Roten Neons eingegangen, was auch eine gerechte Bezahlung für die Fänger beinhaltet. Von Billigangeboten daher Abstand nehmen!

Qualitätsnachzuchten des Schmetterlingsbuntbarsches sind oft robuster als Wildfänge.

2. So fühlen sich Ihre Fische wohl

Wenn die Fische im Aquarium munter umherschwimmen, ihre natürlichen Verhaltensweisen zeigen und sich vielleicht sogar fortpflanzen, sind das Zeichen dafür, dass es Ihren Fischen gut geht.

Wie Sie ein Aquarium richtig ausstatten

Die technische Ausstattung, eine am Lebensraum der Fische orientierte Einrichtung, sorgfältige Wasserpflege, artgerechte Ernährung und die richtige Vergesellschaftung sind die wichtigsten Voraussetzungen für den erfolgreichen Betrieb eines Aquariums.

FÜR EIN GUT funktionierendes Aquarium sind einige Detailkenntnisse vor allem über die technischen Möglichkeiten, die biologischen und chemischen Zusammenhänge im »Wasserlebensraum Aquarium« wichtig.

Pflegeanspruch

Je nach artspezifischen Lebensbedingungen hat jede Tier- und Pflanzenart mehr oder weniger spezielle Ansprüche. Die Aquarientechnik und -pflege müsste deshalb eigentlich speziell an die Pflege des jeweiligen Lebewesens angepasst werden. Viele Zusammenhänge sind jedoch übergreifend, sodass die folgenden Hinweise als Leitlinie für fast alle Aquarien gelten können. Es macht aber dennoch Sinn, vor dem Kauf und der Einrichtung spezielle Informationen über die Lebewesen, die Sie pflegen möchten, zu sammeln. Nur so können Sie alle allgemeinen Hinweise für die jeweilige Lebensgemeinschaft optimieren. Manche Fische lieben Strömung, andere nicht. Manche brauchen Schwimmraum, andere eher eine große Bodenfläche im Aquarium, etc. Detailinformationen zu speziellen Aquarientypen finden Sie ab Seite 72.

Aquarienvielfalt – die Qual der Wahl

Der Zoofachhandel bietet Aquarienbecken in unterschiedlicher Größe, Materialien und Formen an.

Ganzglasaquarien: Am besten bewährt haben sich mit Silikonkautschuk verklebte, rahmenlose Ganzglasaquarien, die in rechteckigen Standardmaßen von 30 bis 250 cm Länge angeboten werden. Die Silikonverklebung ist sehr haltbar, denn der Kautschuk ist mit dem Glas chemisch in etwa so verbunden, als ob zwei Glasstücke miteinander verschmolzen wären. Außerdem

Blaue Fadenfische zeigen bei optimaler Pflege ihre wunderschönen Farben. Dennoch sind sie als robuste Aquarienfische weniger anspruchsvoll als etwa Diskusfische.

ist die Verklebung elastisch und puffert so kleine Verspannungen durch kleine Unebenheiten ab, die sonst zu einem Glasbruch führen würden. Außer den quaderförmigen Standardbecken gibt es serienmäßig die so genannte Panoramaform mit abgeschrägter Frontseite, die sehr gut in Zimmerecken unterzubringende Deltaform (dreieckiger Grundriss mit abgeschrägter Frontseite) und sechs- oder achteckige Beckenformen, die sich besonders zur freien Aufstellung eignen. Technisch machbar und inzwischen auch sehr beliebt sind Aquarien mit gebogener Frontscheibe – diese sind allerdings in der Anschaffung und in den Folgekosten wesentlich teuer, weil sie aufwändiger konstruierte Unterschränke und Abdeckungen benötigen. Außer den Standardmaßen und -formen können Sie sich auch relativ preisgünstige Becken in Sondermaßen anfertigen lassen. Damit sind Sie in der Lage, entweder auf die speziellen Raum- und Strömungsansprüche einzelner Fischarten einzugehen, oder Ihr Aquarienmaß optimal an die Gegebenheiten Ihres Wohnraumes anzupassen.

TIPP

Aquarien mit Sondermaßen

Wenn Sie sich für ein Sondermaß entscheiden, überlegen Sie, ob es nicht Sinn macht, eingeklebte Abteile für großvolumige Innenfilter, Heizer und Innenabläufe zu berücksichtigen. An der Seite oder Rückscheibe angebracht, verbergen die Abteile die Technik, wenn eine Innenrückwand davor angebracht wird.

Acrylglas-Aquarien: Sie sind die heute einzige kommerziell verfügbare Alternative zu Ganzglasaquarien. Acrylglas-Aquarien lassen sich in allen erdenklichen gebogenen Formen herstellen und sind wesentlich leichter als Glasaquarien. Algenbeläge müssen mit Acrylglasschabern entfernt werden, damit die Scheiben nicht verkratzen. Obwohl sie optisch besonders ansprechend sind, haben solche Becken bisher nur eine geringe Verbreitung gefunden, nicht zuletzt, weil sie auch sehr teuer sind.
Hinweis: 60-cm-Becken gehören zu den am häufigsten verkauften Aquarien, weil sie wenig Platz brauchen und als Komplettset oft besonders günstig zu erwerben sind. Kleine Aquarien können wie große Becken einen artgerechten Lebensraum für eine kleine Fischgemeinschaft bilden, wenn man die Auswahl der Fische den kleinen Maßen der Becken anpasst. Von den mehreren hundert Arten, die als Aquarienfische im Zoofachhandel angeboten werden, können nur solche in kleinen Aquarien bis 60 l artgerecht gepflegt werden, die klein bleiben und geringe Revieransprüche haben (→ ab Seite 75).

Abdeckscheiben

Zu jedem Aquarium, das nicht über eine geschlossene Beleuchtungsabdeckung verfügt oder nicht offen betrieben werden soll (→ Checkliste, Seite 26), gehören Abdeckscheiben aus Glas, die vom Glaser passend so zugeschnitten werden, dass einerseits Fütterung und Kabeldurchführungen für technische Geräte problemlos möglich sind, andererseits keine Zwischenräume übrig bleiben, die springfreudigen Fischen ein unerfreuliches Ende auf dem Wohnzimmerteppich bereiten.

1 **Hochwertige 60-l-Aquariensets** mit Abdeckung sind vergleichsweise kostengünstig zu erwerben.

2 **Designeraquarien, wie das Beispiel auf diesem Foto,** werden von verschiedenen Herstellern im Aquarienfachhandel angeboten und ändern sich erfahrungsgemäß mit dem Zeitgeist in der Ästhetik.

3 **Auch Sonderformen** für besondere »Nischenansprüche«, wie hier als Raumteiler, sind von kompetenten Herstellern umsetzbar.

Aquarien-Unterbau

Alle Aquarien müssen auf einem stabilen Unterbau stehen und brauchen zwischen Glaskörper und Unterbau eine etwa 1 cm dicke Styropor-Unterlage oder eine so genannte Aquarien-Unterlegmatte, die kleine Unebenheiten abpuffert und auch thermisch isoliert. Wasser wiegt etwa ein Kilogramm pro Liter, und so kommt auch schon bei kleineren Becken ein ziemlich großes Gewicht zustande.
Während ein Standardbecken von 60 x 30 x 30 cm ein Bruttovolumen von 54 Litern aufweist und zusammen mit Kies und Dekoration etwa 70 bis 100 kg wiegen kann, hat ein Aquarium mit 150 cm Kantenlänge bereits das stattliche Gewicht von über einer halben Tonne – mit Steindekoration und Kies sogar bis zu einer Tonne. Dieses Gewicht belastet nicht nicht nur den Unterbau, sondern auch den Zimmerboden. Deshalb muss die Tragkraft beider Komponenten ausreichend sein.
Für die Standardmaße bieten sich Aquarien-Unterschränke aus dem Zoofachhandel an, die genau auf das Gewicht des Beckens abgestimmt sind. Als Alternative dazu und für die Aufstellung von Sondermaßaquarien sind entweder Sonderanfertigungen nötig (zu tragendes Gesamtgewicht angeben!) oder tragfähige Eigenbauten aus Ziegelsteinen, Gasbetonsteinen, Aluminium-Steckregalen oder Vierkanthölzern, die mit einer stabilen und wasserfesten Auflage versehen sind.
Die Belastungsfähigkeit Ihres Zimmerbodens sollten sie bei Aquarien von mehr als 120 cm Länge unbedingt mit einem Statiker abklären.

Aquarien-Technik

Die Filterung des Aquarienwassers hält Konzentrationen von sichtbaren und unsichtbaren Verunreinigungen niedrig. Das Aufheizen des Wassers ist für die meisten gängigen Fischarten nötig, und die Beleuchtung sorgt für üppigen Pflanzenwuchs.

EIN EFFEKTIVER Aquarienfilter muss mehrere Funktionen gleichzeitig erfüllen.

Die Filterwirkung

Als mechanisch wirkender Filter entfernt er gröbere und feine Schmutzpartikel aus dem Aquarium und sammelt diese im Filter an. Diese Partikel müssen durch regelmäßiges Reinigen des Filtermaterials aus dem Wasserkreislauf des Aquariums entfernt werden.
Als biologisch wirkender Filter erfüllt er seine wichtigste Funktion, indem er mit seinem Filtermaterial ein Substrat für die Ansiedlung von nützlichen und für jedes Aquarium extrem wichtigen Filterbakterien bildet. Diese wandeln im Wasser gelöste schädliche organische Abfallprodukte, die durch die Exkremente der Fische und liegen gebliebene Futterreste in das Aquarienwasser gelangen, in weniger schädliche gelöste Stoffe um (→ ab Seite 22). Wichtig an dieser Stelle ist: Je mehr Filtermaterial als Substrat für die Bakterien zur Verfügung steht, desto besser kann der Filter biologisch als »Klärwerk« arbeiten.
Als chemisch wirkender Filter arbeitet ein Aquarienfilter dann, wenn durch den Einsatz spezieller chemisch-physikalisch wirkender Filtermaterialien, wie Torf, Austauscherharze, Aktivkohle oder Zeolith, gelöste Stoffe aus dem Aquarienkreislauf entzogen oder gegen andere nützliche oder weniger schädliche ausgetauscht werden.
Hinweis: Jede normale Aquarienfilterung wandelt Stoffe nur um, sie müssen aber dennoch durch den regelmäßigen Teilwasserwechsel (→ Seite 57) und durch die Reinigung des Filtermaterials aus dem Aquarienkreislauf entfernt werden.

Filtertypen

Im Fachhandel stehen verschiedene Filtertypen zur Verfügung, von denen die meisten mit einer Motorpumpe kombiniert werden, um den Wasserdurchfluss zu gewährleisten. Man unterscheidet zwischen motor- oder luftbetriebenen Innenfiltern und motorbetriebenen Außenfiltern, die über Schläuche mit dem Aquarium verbunden sind und deshalb keinen Platz im Aquarium selbst wegnehmen. Für welchen dieser beiden Typen Sie sich entscheiden, ist letztendlich Geschmackssache, denn die Filterwirkung hängt lediglich von Volumen und Art des Filtermaterials im Verhältnis zur Durchflussgeschwindigkeit ab: Wird das Wasser mit hoher Geschwindigkeit durch kleines Volumen durchgejagt, ist die Filterwirkung geringer als bei langsam laufenden Filtern.

Großaquarien wie dieses Malawi-Gesellschaftsbecken benötigen eine entsprechend dimensionierte Technik.

Kleinstaquarien: Für Aufzucht- oder Quarantänebecken haben sich so genannte »Hamburger Mattenfilter« (ABB) bewährt, die entweder mit Lufthebern oder Kreiselpumpen betrieben werden können. Dazu wird vor eine Seiten- oder Rückscheibe eine passgenaue Filtermatte aus grobporigem Filterschaumstoff platziert, sodass dahinter ein Zwischenraum entsteht, in den der Luftheber oder die Motorpumpe gehängt wird. Bei Bedarf kann die hintere Klarwasserkammer mit weiteren Filtermaterialien in Gazebeuteln bestückt werden. Durch die Ansaugwirkung des Hebers oder der Pumpe wird Aquarienwasser auf der kompletten Fläche langsam durchgesaugt und so effektiv (wegen des großen Filtervolumens und der langsamen Durchlaufgeschwindigkeit) gefiltert. Gereinigt wird der Filter durch Absaugen mit dem Aquarienschlauch und gelegentlich durch komplette Entfernung und Auswaschung der Matte.

Aquarien bis 80 cm Länge: Für ihre Filterung empfehle ich kleine motorbetriebene Innenfilter, »Huckepack«-Außenfilter oder – am komfortabelsten – kleine Topf-Außenfilter. Legen Sie auf alle Fälle Wert darauf, dass das gewählte Modell mit mehreren verschiedenen Filtermaterialien zu bestücken ist. Da Sie kleine Becken sowieso nicht mit allzu vielen Fischen besetzen dürfen, reichen kleine Leistungsstufen, wie für die jeweilige Beckengröße auf der Verpackung der Filter angegeben. Bei Motorfiltern nehmen Sie auf keinen Fall eine zu starke Pumpe, beziehungsweise wählen Sie solche Modelle, bei denen sich die Leistung (immer am Ausfluss!) regulieren lässt. Eine Filterpumpe, die den Aquarieninhalt pro Stunde zwei- bis dreimal umwälzt, ist ausreichend.

Große Aquarien ab 100 cm Länge: Für ihre Filterung haben sich große Topf-Außenfilter oder Mehrkammer-Innenfilter bewährt. Beide Filtertypen werden mit geräuscharmen Kreiselpumpen betrieben und zeichnen sich durch ein großes Filtervolumen und die Möglichkeit, sie mit verschiedenen Filtermaterialien zu bestücken, aus. Besonders für Topf-Außenfilter sind mechanisch wirkende Vorfilter nützlich, die den Grobschmutz vor dem eigentlichen Filter abfangen und so dessen Reinigungsintervalle deutlich erhöhen. Ein Vorfilter kann z. B. eine über den Filtereinlauf gestülpte Schaumstoffpatrone sein, die häufig, aber ohne großen Aufwand, ausgewaschen wird. Topf-Außenfilter sind auch in der praktischen Variante »Thermofilter« erhältlich, bei denen ein Heizelement im Filtertopf untergebracht ist und deshalb kein Platz im Aquarium für die Heizung gefunden werden muss.

Hinweis: Kreiselpumpen haben als einziges bewegliches Teil ein so genanntes Flügelrad, das auf einer Achse (»Welle«) montiert ist und für die Wasserförderung zuständig ist. Auch die dauerhafteren Keramikwellen sind verschleißanfällig und sollten regelmäßig nach Gebrauchsanweisung gereinigt oder bei lauter werdenden Pumpengeräuschen ausgetauscht werden. Es ist deshalb sinnvoll, Ersatzteile vorrätig zu halten.

Filtermaterialien

Neben der richtigen Dimensionierung und der Art des Filters spielt die Wahl der Filtermaterialien für die Filterwirkung eine wichtige Rolle.

Filterschaumstoff: Das am vielfältigsten einsetzbare Filtermaterial ist der meist blaue Filterschaumstoff, der in feinporiger und grobporiger Ausführung verfügbar ist. Motor-Außen- und Innenfilter sind meistens mit passenden Formteilen versehen. Ansonsten ist der Schaumstoff als Plattenware verfügbar. Er kann mit einem scharfen Messer an die individuellen Filter angepasst werden, wobei das Formteil einige Millimeter größer als der Innendurchmesser des Filter(abteil)s sein sollte, damit es sich nicht bewegt. Der feinporige Schaumstoff sollte nur nach grobporigem in den Filterkreislauf eingebracht werden, weil er sich sonst schnell zusetzt und seine biologische Filterwirkung nicht

Kleine Motor-Innenfilter (links) reichen für die Wasserpflege kleinerer Becken, Topf-Außenfilter (rechts) sind dagegen für die Pflege von größeren Becken nötig.

entfalten kann. Filterschaumstoff ist mehr oder weniger unbegrenzt haltbar und kann nach dem Auswaschen immer wieder eingesetzt werden.

Filterwatte: Sie dient als lose Ware oder als Vlies lediglich als erste Filterstufe im Hauptfilter oder als Vorfiltermaterial. Da Filterwatte vor allem als mechanisches Filtermaterial eingesetzt wird, kann sie nach ein paar Mal Auswaschen weggeworfen werden, bevor sie sich mit der Zeit auflöst.

Glas-Sinterkeramik: Sie bietet von allen Filtersubstraten die größte Besiedlungsfläche pro Volumeneinheit für Filterbakterien. Obwohl das Material recht teuer ist, lohnt sich die Anschaffung. Ein oder mehrere Liter (je nach Aquariengröße und Fischbesatz) sichern eine hohe biologische Abbauleistung gelöster organischer Abfallprodukte in allen Filtern. Wegen der Feinporigkeit darf es nur nach grobporigem Filtermaterial eingesetzt werden und ist unbegrenzt wieder verwendbar.

Aktivkohle: Sie entfernt vor allem so genannte hochmolekulare Stoffe. Diese sind z. B. Medikamente, Pestizide im Leitungswasser oder Stoffe, die das Aquarienwasser bräunlich oder gelblich färben. Deshalb wird Aktivkohle nach einer Medikation im Aquarium oder zur Entfernung von Farbstichen eingesetzt. Aktivkohle ist als Bruch, Pellets oder in Form von speziell beschichteten Filterschwämmen verfügbar und wird nur nach Bedarf für etwa eine Woche im Aquarium verwendet. Lose Filterkohle muss gründlich gespült werden, bevor sie in Netzbeuteln in den Filterkreislauf einbracht wird. Nach der Anwendung wird sie entsorgt.

Zeolithe: So bezeichnet man bestimmte natürliche Gesteine, die unter anderem in der Lage sind, gelöste organische Abfallprodukte (Ammonium, Ammoniak, Nitrit, Nitrat, Phosphate) aus dem Aquarienwasser dadurch zu entfernen, dass sie diese an sich binden. 100 bis 500 g Zeolithbruch pro 100 l Aquarienwasser (Gebrauchsanweisung beachten!) können schnell Abhilfe bei zu hohen Messwerten der oben genannten Stoffe schaffen. Da sie allerdings auch Pflanzennährstoffe entfernen, sollten sie nicht zu hoch dosiert eingesetzt werden.

Hinweis: Die chemisch-physikalisch wirkenden Filtermaterialien Torf und Ionenaustauscherharze werden nicht als echte Filtermaterialien eingesetzt, sondern zur Veränderung der Wasserhärte und des pH-Wertes (→ Seite 40).

Sauerstoffversorgung

Eine ausreichende Sauerstoffversorgung gewährleistet normalerweise der an der Wasseroberfläche angebrachte Auslauf des Motorfilters, der durch die Wasserbewegung das Wasser mit Sauerstoff anreichert. Den Belüftungseffekt kann man durch Diffusoren erhöhen, kleine Kunststoffbauteile, die an den Pumpenauslauf in der Nähe der Wasseroberfläche montiert werden und für eine Verwirbelung von Wasser und Luft sorgen. Alternativ kommen Ausströmersteine, die mit einer Membranluftpumpe betrieben werden, zum Einsatz. Die gepumpte Luft wird durch einen porösen Keramik-, Kunststoff- oder Holzblock feinperlig in das Wasser getrieben, sodass sich die Luft (inklusive Sauerstoff) auf dem Weg nach oben im Wasser lösen kann. Ausströmersteine müssen von Zeit zu Zeit abgeschliffen oder in Essig entkalkt werden, um funktionsfähig zu bleiben.

1 **Die meisten Aquarienleuchten** sind nach wie vor Leuchtstoffröhren in einer gegen Spritzwasser abgesicherten Abdeckung, die nicht ins Aquarium fallen kann.

2 **Während Stabheizer** (links) im Aquarium oder in der Filterkammer untergebracht werden müssen, können Durchlaufheizer (rechts) auch in den Filterkreislauf von Topf-Außenfiltern integriert werden.

3 **Oxydatoren** produzieren ohne Kabel und störende Geräusche Sauerstoff in einer besonders günstigen Form.

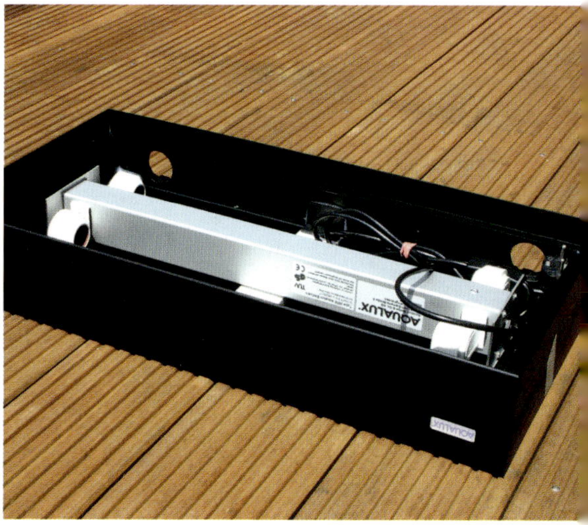

Besonders in stark besetzten Becken und auch als Reserve für besonders heiße Tage empfehlen sich so genannte Oxydatoren. Diese versorgen Aquarien zusätzlich dadurch mit Sauerstoff, dass eine spezielle Flüssigkeit (Wasserstoffperoxid) verwendet wird, die sich langsam in reinen und reaktiven Sauerstoff und Wasser zerlegt. Außerdem hilft der Sauerstoff aus dem Oxydator Abfallprodukte der Fische schneller in relativ unschädliche Produkte zu zerlegen und ist deshalb besonders in der Anfangsphase nach dem Einrichten nützlich, wenn die Filterbakterien noch nicht richtig arbeiten.

Heizung

Für den normalen Gebrauch kommen ausschließlich thermostatgesteuerte Regelheizer in Betracht, die sich anhand einer Temperaturskala einstellen lassen. Die gebräuchlichste Form sind glasummantelte Stabheizer, die an einer unauffälligen, aber gut umströmten Stelle im Aquarium oder in einer Filterkammer untergebracht werden. Achten Sie beim Erwerb auf Bruchsicherheit und Überhitzungsschutz. Niedervolt-Bodenheizungen können als Heizkabel in den Bodengrund eingebracht werden. Sie lassen sich allerdings nicht ohne ein völliges Ausräumen des Aquariums warten.

Die eleganteste Methode, ein größeres Aquarium zu heizen, sind Thermo-Außenfilter (→ Seite 22), weil die Heizer nicht im Aquarium untergebracht werden müssen. Die Heizleistung richtet sich nach Beckengröße und Außentemperatur. Die Wattzahl darf nicht zu hoch sein, damit es nicht zu schnellen Temperatursprüngen kommt. Für ein 60-l-Becken bei Zimmertemperatur empfehle ich 50 Watt, für größere Becken gilt die Faustregel 0,5 Watt/l. Die Funktionsfähigkeit der Heizung muss über Aquarien-Innen- oder Außenthermometer, die auch in digitaler Ausführung verfügbar sind, regelmäßig kontrolliert werden.

Beleuchtung

In der Süßwasseraquaristik kommen entweder verschiedene (Kompakt-) Leuchtstoffröhren in der so genannten T 8- oder der effizienteren, aber auch teureren T 5-Technik oder so genannte HQI-Brenner infrage. Sie haben ein für Pflanzen geeignetes Lichtspektrum. Inzwischen gibt es eine Fülle von Leuchtmitteln mit verschiedenen Farbanteilen in ihrem Lichtspektrum, deren Vielfalt an dieser Stelle wiederzugeben den Rahmen dieses Buches sprengen würde. Als Empfehlung kann gelten: Achten Sie sowohl auf eine gute Farbwiedergabe als auch auf ein ausgeglichenes Spektrum. Ein guter Anhaltspunkt dafür sind die auf der Verpackung angegebene Farbtemperatur in Kelvin. Diese sollte zwischen 4000 und 6000 Kelvin liegen, um ein natürliches und pflanzenfreundliches Licht zu erzeugen. Für die unterschiedlichen Leuchtmittel sind unterschiedliche Fassungen und Vorschaltgeräte nötig. Leuchtstoffröhren können im Gegensatz zu HQI-Brennern in fertige Abdeckleuchten integriert werden. Die Beleuchtungsleistung der Röhren sollte durch zusätzliche aufsteckbare Reflektoren gesteigert werden. HQI-Brenner, Leuchtstoffröhren und Kombinationen aus beiden können aber auch gut in Hängeleuchten integriert werden. HQI-Brenner müssen immer mit einem integrierten UV-Schutz ausgerüstet sein.

TIPP

Kleingeräte

Zu einem funktionierenden Aquarium gehören auch: zwei Fischfangnetze, ein 2,5 m langer (Garten-)Schlauch, mehrere 10-l-Eimer oder Gießkannen zum Wasserwechsel, ein Algenmagnet oder Stahlschwamm zum Scheibenputzen und eine Zeitschaltuhr, die zum An- und Abschalten der Beleuchtung dient.

Aquarien einrichten

Die Aquarieneinrichtung dient in erster Linie dazu, den Bedürfnissen der Fische und Pflanzen gerecht zu werden. Dabei ist es aber ohne weiteres möglich, auch für den menschlichen Betrachter ein wunderschönes optisches Bild zu schaffen.

DAS AQUARIUM soll uns ein perfektes Stück Natur unter Wasser zeigen. Es ist gar nicht so schwer, das zu erreichen. Im Vordergrund müssen allerdings immer die Ansprüche der Bewohner dieser kleinen Welt unter Wasser stehen.

Bodengrund

Die Grundlage für alle Aquarien ist der Bodengrund. Er erfüllt für Fische und Pflanzen wichtige Funktionen: Pflanzen finden Halt und Nährstoffe, Fische nutzen ihn, um darin zu gründeln oder sich Verstecke anzulegen, und Schadstoffe abbauende Bakterien leben darin.

Kies: Bewährt hat sich eine 6 bis 8 cm dicke Schicht aus gut ausgewaschenem(!), beigefarbenem Quarzkies in einer Körnung von 1 bis 3 mm, der keinesfalls zu scharfkantig sein darf. Am besten ist dazu Flusskies geeignet, weil er schön rundgeschliffen ist.

Hinweis: Wenn Sie Ihr Aquarium bepflanzen möchten, sollten Sie bei der Ersteinrichtung des Aquariums eine 1 bis 2 cm dicke Mischung aus Depotdünger und dem verwendeten Aquarienkies einbringen, der als Langzeitdünger wirkt. Sparen Sie aber solche Stellen im Aquarium aus, die nicht bepflanzt werden oder an denen es wahrscheinlich ist, dass die Fische, z. B. Buntbarsche, graben. Solche Stellen oder, wenn Sie hauptsächlich grabende Fische pflegen, auch das ganze Aquarium können Sie statt des Kieses mit einer dicken Schicht nicht allzu hellen Quarzsandes auslegen.

Sand: Sandiger Bodengrund ist für die

CHECKLISTE

Überlegungen vorab

Bevor Sie an die Einrichtung mit Dekomaterialien gehen, überprüfen Sie, ob Sie folgende Punkte überlegt haben:

- ○ Welche Fischarten brauchen welche Verstecke?
- ○ Haben Sie sich einen Plan für die Platzierung der Dekoration gemacht?
- ○ Ist der Bodengrund für alle geeignet (Scharfkantigkeit, Kalkgehalt)?
- ○ Haben Sie Bodengrund und die Dekomaterialien durch- bzw. abgespült?
- ○ Haben Sie beim Einbringen der Steine auch Vorsorgemaßnahmen gegen Glasbruch getroffen?

So genannte »Naturaquarien« im japanischen Stil sind weniger natürlich, als besonders ästhetisch anzusehen.

artgerechte Haltung von gründelnden (z. B. Panzerwelse, Schmerlen), grabenden (z. B. Schneckenbuntbarsche) oder sich eingrabenden Fischen (z. B. Süßwasserflundern) unabdingbar.

Aquarien-Rückwand

Die geschickte Auswahl und Gestaltung der Aquarien-Rückwand trägt dazu bei, einen plastischen und naturnahen Eindruck zu erzeugen. Für die artgerechte Haltung der Fische ist die Gestaltung jedoch nicht ausschlaggebend. Der Zoofachhandel bietet eine ganze Reihe ansprechend gestalteter Struktur-Innenrückwände an. Diese müssen vor der restlichen Aquarieneinrichtung im trockenen Becken mit Aquariensilikon fugenlos eingeklebt werden, damit sich keine Fische hinter die Rückwand verirren und damit die Innenwand nicht aufschwimmt. Ästhetisch weniger anspruchsvoll sind Fotorückwände, die man auf die Außenseite der hinteren Aquarienscheibe aufklebt. Oft befriedigender in der Wirkung ist es, die Rückwand außen mit Dispersionsfarbe schwarz oder blau anzustreichen oder eine schwarze Pappe hinter das Aquarium zu kleben.

Dekorationsmaterialien

Die Gestaltung des Aquarieninnenraumes mit verschiedenen Dekorationsmaterialien richtet sich vor allem nach dem Bedürfnis der Fische und Pflanzen.
Holz: Wichtigstes Gestaltungselement ist natürlich aussehendes Holz. Es wer-

1 **Trocken** vom Baum gesammeltes und anschließend gewässertes Buchenlaub können Sie als ein natürlich wirkendes Imitat für eine Falllaubzone verwenden.

2 **Schön geformte** Wurzeln schaffen Unterstände nicht nur für Einzelgänger, sondern auch für ganze Schwärme kleiner Fische, die sich im Wurzelgewirr sicherer fühlen als im freien Wasser.

3 **Lochgestein** eignet sich für Malawi-, Tanganjika- und Mittelamerika-Becken, allerdings – wegen seiner Kalkhaltigkeit – nicht für Weichwasser-Becken.

den Holzteile unterschiedlichster Herkunft im Aquarienhandel angeboten, von denen das Mopani- und das Savannenholz am empfehlenswertesten sind. Sie müssen nicht gewässert werden und geben kaum Farbstoffe an das Wasser ab. Andere, früher häufiger angebotene Holzarten wie das Moorkienholz, Mooreiche oder das so genannte Mangrovenholz müssen lange gewässert werden, damit sie nicht aufschwimmen und wenig Farbstoffe ins Wasser abgeben. Zudem stammen diese Hölzer meist aus nicht nachhaltig genutzten Mooren oder Regenwäldern und sollten schon deshalb nicht gekauft werden. Wer Holz fressende Harnischwelse hält, kann auch natürlich gewässertes Totholz aus Seen und Flüssen verwenden, das von den Harnischwelsen mit der Zeit klein geraspelt wird und so zu deren artgerechter Haltung beiträgt. Weil die meisten Hölzer in geringem Umfang Säure bildende Stoffe an das Aquarienwasser abgeben, sollten sie nicht in Hartwasserbecken mit alkalischem pH-Wert eingesetzt werden (Malawi-, Tanganjika- und Mittelamerika-Becken).

Steine: Fast alle Gesteinssorten, die kalkfrei, nicht scharfkantig und frei von metallisch glänzenden Einschlüssen sind, können im Aquarium zum Aufbau von Höhlen oder ganzen Felslandschaften genutzt werden. Dazu eignet sich vor allem Granit, Porphyr oder Schiefer in Kiesel-, Brocken- oder Plattenform. Kalkhaltige Steine wie Dolomitgestein eignen sich nur für Hartwasser- oder Brackwasserbecken. Alle größeren Felsaufbauten müssen vor dem Einbringen des Bodengrundes sicherheitshalber auf einer dünnen Styroporplatte installiert werden, damit es nicht zu einem Bruch der Bodenscheibe kommt. Stapeln Sie Felsaufbauten vorsichtig so, dass sie nicht mehr wackeln, und fixieren Sie sie bei der Haltung großer Fische noch in trockenem Zustand mit Silikon oder speziellem Aquarienmörtel.

Verstecke bieten Schutz

Vor allem viele Harnischwelse, Buntbarsche und Grundeln benötigen Höhlen als Versteckplätze. Dazu können Sie neben Steinhöhlen gekaufte oder selbst getöpferte Keramikhöhlen und -röhren, Bambusrohre oder auch gut gereinigte ausgehöhlte Kokosnussschalen verwenden.

Laub: Wussten Sie schon, dass sehr viele Aquarienfische fast ihr ganzes Leben über Falllaub im Wasser leben? Die baumbestandenen Uferregionen bieten vielen Aquarienfischen einen Lebensraum. Die ins Wasser fallenden Blätter dienen als Nahrung für Insektenlarven und Krebse, aber auch als Versteck- und Ablaichplätze z. B. für Zwergbuntbarsche. Als Imitat im Aquarium haben sich besonders im Spätherbst oder Winter direkt vom Baum gesammelte getrocknete Rotbuchenblätter bewährt. Vor dem Einbringen ins Becken sollten Sie die Blätter allerdings unbedingt noch einmal einige Tage wässern. Geben Sie immer nur eine geringe Menge Rotbuchenblätter ins Aquarium, weil sich sonst der pH-Wert und die Wasserfärbung ungünstig verändern und das langsam zerfallende Laub das Wasser zu stark belastet.

Hinweis: Alle Einrichtungsmaterialien sollten kalkfrei sein. Überprüfen Sie das mit dem »Essigtest«. Geben Sie einige Tropfen Essigessenz beispielsweise auf die Steine, die Sie ins Aquarium einbringen möchten. Schäumt es, so ist Kalk enthalten. Kalkhaltige Dekorationsmaterialien eignen sich nur für ausgesprochene Hartwasserbecken (Malawi-, Tanganjika- und Mittelamerika-Becken), weil sonst zu viel Kalk an das Wasser abgegeben wird.

WUSSTEN SIE SCHON, DASS ...

... viele Fisch-Biotope keine Pflanzen haben?

In den Tiefen der Seen, an Felsufern auf Sandflächen im Flachwasser, aber auch in dunklen Urwaldbächen herrschen oft ungünstige Bedingungen für Wasserpflanzen. Deshalb kann ein Aquarium ohne Wasserpflanzen durchaus natürlich wirken. Allerdings bauen Wasserpflanzen im Aquarium einen Teil der schädlichen organischen Stoffwechselprodukte ab. Gut bepflanzte Aquarien weisen oft sehr gute Wasserwerte auf.

Pflanzenpracht

Fast jeder Aquarianer wünscht sich einen schönen, prächtigen Pflanzenwuchs im Aquarium. Das sieht nicht nur gut aus, sondern hat auch noch einen anderen positiven Effekt: Die Pflanzen binden Schadstoffe im Wasser.

DIE VERSCHIEDENEN Pflanzenarten haben oft – ebenso wie die einzelnen Fischarten – unterschiedliche Pflegeansprüche.

Beleuchtung der Pflanzen

Optimale Beleuchtungsbedingungen für die meisten Pflanzen erreichen Sie durch eine 12-stündige Beleuchtung mit 2 bis 3 Leuchtstoffröhren in Beckenlänge oder einem 70-W-HQI-Strahler pro etwa 80 cm Beckenlänge (bei Aquarien-Standardgrößen). Weniger lichthungrige Pflanzen, wie z. B. viele Cryptocorynen, Javamoos oder Javafarn, kommen auch mit geringerer Beleuchtungsintensität aus. Wichtig ist zu wissen, dass der Stoffwechsel bei den Wasserpflanzen mit höherer Beleuchtungsintensität steigt und deshalb auch ein höherer Nährstoffbedarf entsteht.

Nährstoffversorgung

Gute Nährstoffbedingungen ergeben sich aus einer Kombination aus Depot-Langzeitdüngern im Bodengrund (für wurzelnde Pflanzen), der regelmäßigen Zugabe von flüssigen Wasserpflanzendüngern (nach Gebrauchsanweisung: eher sparsam verwenden) und einer ausreichenden CO_2-Versorgung (→ unten), die besonders bei der Kombination von kalkhaltigem Wasser und anspruchsvollen Pflanzen nötig ist. Zusätzlich müssen regelmäßig die Spurenelemente wie Eisen in speziell für die Aquaristik entwickelter Form nachgedüngt werden, weil diese – im Gegensatz zu vielen anderen – im Leitungswasser nicht genügend vorhanden sind.

Kohlendioxid-Düngung: Für einen kräftigen Pflanzenwuchs sorgt Kohlendioxid (CO_2). Um sinnvoll Kohlendioxid im Aquarium als Pflanzendünger einzusetzen, sollten Sie den Zusammenhang zwischen Karbonathärte, pH-Wert und CO_2-Menge kennen (→ Seite 134). Dieser Pflanzennährstoff kann dem Aquarienwasser auf verschiedene Weise zugefügt werden. In der Anschaffung und Wartung preisgünstige Geräte nut-

TIPP

Aufsitzer- und Schwimmpflanzen

Wurzelnde Wasserpflanzen brauchen eine ausreichend dicke Bodengrundschicht. Aquarien mit grabenden Fischen oder Zucht- und Aufzuchtbecken mit einer dünnen Bodengrundschicht lassen sich üppig mit Aufsitzer- und Schwimmpflanzen bepflanzen und in unterschiedlichen Grüntönen dekorieren.

zen entweder Gärprozesse, bei denen aus Zucker mit Hilfe von Hefe Alkohol und CO_2 generiert wird, oder einen harmlosen chemischen Reaktionsprozess, bei dem ähnlich wie bei Kontakt von Brausepulver mit Wasser CO_2 entsteht (Carbonatoren). Diese beiden Modelltypen eignen sich für kleinere Aquarien bis 150 l. Sie haben den Vorteil der stromlosen und einfachen Bedienung, müssen aber in kurzen Abständen mit nachzukaufenden Reagenzien neu befüllt werden. Die aufwändigere, aber besser regelbare Variante der CO_2-Düngung besteht aus der Kombination von CO_2-Druckgasflaschen, Druckregulier-Ventilen und elektronisch gesteuerter Nachdosierung, die automatisch über den elektronisch gemessenen pH-Wert reguliert wird. Wer sich es leisten kann, sollte für größere Aquarien solche Geräte einsetzen, die sich vor allem dann lohnen, wenn man kräftigen Pflanzenwuchs bei hoher

Schön eingerichtete Pflanzenaquarien mit starker Beleuchtung benötigen eine zusätzliche Düngung mit Wasserpflanzendünger und Kohlendioxid.

MEIN HEIMTIER

Testen Sie die Sauerstoffproduktion im Aquarium

Wasserpflanzen produzieren unter Licht lebensnotwendigen Sauerstoff. Die Menge des produzierten Sauerstoffs hängt ungefähr von der Lichtmenge ab. Sie können diesen Zusammenhang im Aquarium selbst austesten.

Der Test beginnt:

Nehmen Sie etwas Teichlebermooses (*Riccia*) und binden Sie es mit einem Baumwollfaden auf einem flachen Stein fest. Legen Sie dann den Stein mit dem Teichlebermoos im Aquarium unter die Stelle mit der stärksten Beleuchtung. Bei angeschalteter Beleuchtung werden Sie beobachten, wie sich kleine Gasblasen am Moos bilden. Das ist reiner Sauerstoff, der im Dunkeln nicht produziert wird. Wie lange dauert es, bis sich die ersten Bläschen bilden?

Mein Testergebnis:

Beleuchtungsstärke erzielen möchte. Alle Systeme sollten zur Kontrolle am besten mit Dauer-pH-Messgeräten betrieben werden.

Die Wasserwerte

Die Wasserwerte sind für die meisten Wasserpflanzen nicht so entscheidend, solange Beleuchtung und Nährstoffversorgung stimmen und solange kein extrem saures oder sehr alkalisches und kalkhaltiges Wasser verwendet wird. Allerdings ist die Versorgung mit dem Pflanzennährstoff CO_2 am einfachsten in einem Wasser mit geringer Karbonathärte. Als ein pflanzenfreundliches Wasser könnte man den Wassertyp 1 bis 2 (pH 6,5–7, KH 1–6) bezeichnen.

Empfehlenswerte Pflanzen

Für den Anfang empfehle ich Ihnen eine kleine Auswahl von Pflanzen, die unter einer weiten Bandbreite an Pflegebedingungen gut gedeihen und wachsen. Mit diesen Pflanzen ist gewährleistet, dass das Aquarium schon nach einigen Wochen eine gesunde Umwelt für die Fische bietet. Man unterscheidet zwischen Rosettenpflanzen, die eine dicke Bodengrundschicht aus mittelgrobem Kies benötigen, Aufsitzerpflanzen, die man auf Steine oder Wurzelholz aufbindet, und Schwimmpflanzen, die als Stängel frei flutend im Wasser treiben bzw. spezialisierte Oberflächenpflanzen sind. Stängelpflanzen kann man im Hintergrund des Beckens pflanzen.

PFLEGELEICHTE PFLANZEN FÜR AQUARIEN

Pflanzenname	Wuchsform	Lichtbedarf	Wassertyp Temperatur	Größe in cm
Kongo-Wasserfarn *Bolbitis heudelotii*	Aufsitzer	mäßig	2–3 24–25 °C	10–30
Zwergspeerblatt *Anubias barteri* var. *nana*	Aufsitzer	mäßig	2–5 22–26 °C	5–10
Blehers Schwertpflanze *Echinodorus bleherae*	Rosette	mäßig bis mittel	2–5 22–28 °C	30–60
Grasblättriger Wasserkelch *Cryptocoryne crispatula* var. *balansae*	Rosette	mäßig	3–6 20–26 °C	20–70
Kleines Pfeilkraut *Sagittaria subulata*	Rosette	mittel bis hoch	3–6 18–28 °C	5–10
Osiris' Schwertpflanze *Echinodorus osiris*	Rosette	mittel bis hoch	2–5 18–26 °C	25–50
Uruguay-Schwertpflanze *Echinodorus uruguayensis*	Rosette	mittel	2–5 18–24 °C	50–70
Gehörnter Hornfarn *Ceratopteris cornuta*	Schwimm-pflanze	mittel	2–5 22–28 °C	15–30
Indischer Wasserwedel *Hygrophila difformis*	Stängel	mittel bis hoch	2–5 24–28 °C	15–50
Kleines Fettblatt *Bacopa monnieri*	Stängel	mittel	2–5 18–28 °C	20–30
Kriechende Ludwigie *Ludwigia repens*	Stängel	mittel	2–5 22–26 °C	40–60
Nixkraut *Najas conferta*	Stängel oder Schwimm-pflanze	mäßig bis mittel	2–5 22–28 °C	30
Sumatrafarn *Ceratopteris thalictroides*	Stängel	mittel	2–6 22–28 °C	20–50

Wendts Wasserkelch

Cryptocoryne wendtii

Wuchsform/Größe: Rosettenpflanze, 10 bis selten 30 cm hoch
Wassertyp: 2–5, 22–26 °C
Lebensraum: Sri Lanka, in schattigen oder sonnigen Fließgewässern; wenig lichtbedürftig
Hinweis: Gehört zur großen Gattung der Wasserkelche, die viele schöne Aquarienpflanzen stellen; Ansprüche an die Wasserqualität verschieden
Ähnliche Ansprüche: *C. beckettii, C. affinis*

Indischer Wasserfreund

Hygrophila polysperma

Wuchsform/Größe: Stängelpflanze, 15 bis 50 cm
Wassertyp: 3–5, 22–28 °C, gedeiht gut in hartem Wasser
Lebensraum: Indischer Subkontinent; recht lichtbedürftig
Hinweis: Schnellwüchsige Stängelpflanze, die ideal als Randbepflanzung für kleinere Becken mit kleineren Fischen geeignet ist
Ähnliche Ansprüche: Rosanerviger und Schmalblättriger Indischer Wasserfreund, *H. polysperma* 'Rosanervig' u. *H. p.* 'Sri Lanka'

Gewöhnliche Wasserschraube

Vallisneria spiralis

Wuchsform/Größe: Rosettenpflanze, 50 bis 100 cm lang
Wassertyp: 4–6, 20–28 °C, gedeiht gut in hartem alkalischem Wasser
Lebensraum: Europa und Südwestasien, in stehenden oder langsam fließenden Gewässern; wenig anspruchsvoll an die Belichtung
Hinweis: Robuste, schnellwüchsige Pflanze für Aquarien mit hartem Wasser, in denen viele andere Pflanzen schlecht wachsen; bildet Ausläufer
Ähnliche Ansprüche: *V. americana, V. nana*

Javamoos

Vesicularia dubyana

Wuchsform/Größe: Moosstängel bis ca. 15 cm, wachsen als Polster
Wassertyp:1–6, 15–30 °C, anpassungsfähig an Licht und Wasserwerte
Lebensraum: Indonesien und Philippinen, an feuchten Flussufern, an schattigen Plätzen hauptsächlich an Land
Hinweis: Verankert sich an Steinen und Wurzeln; zunächst mit Baumwolle festbinden, hält später allein; ideale Pflanze für Aquarien ohne Bodengrund, mäßiges Wachstum; kann mit der Schere getrimmt werden

Javafarn

Microsorum pteropus

Wuchsform/Größe: Einzelne Blätter an langem Rhizom; 10 bis 30 cm
Wassertyp: 2–4, 20–28 °C, anpassungsfähig
Lebensraum: Tropisches Asien, in schattigen Fließgewässern
Hinweis: Robuste, aber langsamwüchsige Aufsitzerpflanze auch für schattige Aquarien; Rhizom mit Baumwollfaden an Wurzeln oder Steinen festbinden, hält sich später selbst fest; einige der wenigen Pflanzen, die sogar von Pflanzen fressenden Fischen meist verschmäht wird

Gewöhnliches Hornkraut

Ceratophyllum demersum

Wuchsform/Größe: Stängelpflanze, 40 bis 70 cm
Wassertyp: 4–7, 22–28 °C, liebt hartes alkalisches Wasser
Lebensraum: Weltweit in verschiedensten stehenden Gewässern; je nach Herkunft unterschiedliche Temperaturansprüche
Hinweis: Extrem schnellwüchsig und anspruchslos, soweit das Wasser nicht zu weich und sauer ist; eignet sich daher besonders zum Einfahren von Aquarien oder zur Wasserverbesserung in dicht besetzten Becken

Teichlebermoos

Riccia fluitans

Wuchsform/Größe: Polster bildende Schwimmpflanze mit verzweigten, locker verbundenen »Blättern«
Wassertyp: 2–5, 20–27 °C, verträgt keine Strömung
Lebensraum: Weltweit in nährstoffreichen Gewässern
Hinweis: Bildet dichte Polster an der Wasseroberfläche, die z. B. von Labyrinthern zur Verankerung des Schaumnests genutzt werden. Das Foto zeigt schön die fein verzweigte Struktur dieser schnellwüchsigen Pflanze.

Brasilianischer Wassernabel

Hydrocotyle leucocephala

Wuchsform/Größe: Stängelpflanze, 30 bis 50 cm, manchmal länger, bildet Schwimmblätter aus
Wassertyp: 2–5, 20–28 °C, lichtbedürftig
Lebensraum: Lateinamerika, in unterschiedlichsten Habitaten
Hinweis: Sowohl eingepflanzt als auch als Schwimmpflanze kultivierbar
Ähnliche Ansprüche: Amerikanischer Wassernabel, *Hydrocotyle verticillata*, eine Art, die kühler gehalten werden sollte (17–23 °C)

Lebenselement Wasser

Wasser ist für Fische genauso wichtig wie für uns die Luft zum Atmen. Deshalb müssen Sie der Wasserqualität im Mini-Lebensraum Aquarium Ihre ganz besondere Aufmerksamkeit schenken.

Wasserkunde leicht gemacht

Ob der Lebensraum Aquarium günstig oder ungünstig für Fische und Pflanzen ist, hängt in erster Linie von der Wasserzusammensetzung ab. Die Qualität des Wassers entscheidet, ob die Aquarienbewohner gedeihen oder ob sie dahinkümmern.

ALS GRUNDVORAUSSETZUNG zum Verständnis der aquaristisch bedeutenden Vorgänge im Aquarium müssen Sie sich darüber im Klaren sein, dass das Wasser ein komplexes System bildet. Mit anderen Worten: Wasser besteht nicht aus einzelnen Stoffen, die man entfernen oder hinzufügen kann, ohne dass andere Stoffe davon betroffen werden.

Die natürliche Kläranlage im Aquarium

Zwei unterschiedliche Stoffgruppen spielen im Aquarium eine besondere Rolle: Stoffe, die durch den bakteriellen Abbau von organischen Abfallprodukten wie Exkrementen und liegen gebliebenen Futterresten entstehen und das Wasser belasten können, und Stoffgruppen, die aus so genannten härtebildenden Salzen und ihren chemischen Reaktionspartnern im Aquarienwasser, also bestimmten Säuren, bestehen.
Organische Abfallprodukte (z. B. Ammonium, Ammoniak, Nitrit, Nitrat) entstehen durch die Umsetzung von tierischem oder pflanzlichem Material, vor allem durch Bakterien. Manchmal sind Bakterien schon im Leitungswasser in relativ hohen Konzentrationen vorhanden und sollten in diesem Fall vor dem Einsatz im Aquarium durch den Einsatz von Aktivkohle, Zeolith oder die Verwendung von Umkehrosmosewasser (→ Seite 42) entfernt werden. Normalerweise entstehen sie aber im Aquarium selbst aus sich zersetzenden Futterresten, Pflanzen- oder Tierleichen ebenso wie aus dem Urin und dem Kot der Fische. Durch die Bakterientätigkeit im Aquarium werden diese Rohstoffe zu den Endprodukten in einer natürlichen Abbaukette weiterverarbeitet. Ähnlich einem Klärwerk produzieren die im Aquarium vorhandenen Bakterien mit Hilfe von Sauerstoff in einem ersten

Optimale Wasserpflege ist für empfindliche Zuchtformen, beispielsweise von Betta splendens, *besonders wichtig.*

Schritt das relativ ungiftige Ammonium, das in alkalischem Wasser (→ Seite 39) zum giftigen Ammoniak wird. In einem weiteren Schritt verarbeiten andere Bakterien das Ammoniak zu dem hochgiftigen Nitrit, das aber bei ausreichender Bakterienflora im Aquarium sofort zu dem nur in höheren Konzentrationen giftigen Nitrat wird. Das Nitrat wird im Aquarium nur in begrenztem Umfang oder gar nicht mehr weiterverarbeitet und reichert sich deshalb unweigerlich an, wenn es nicht entfernt wird. Neben diesen Hauptstoffen entstehen noch für die Fische weniger kritische Abfallprodukte wie Phosphate und Gelbstoffe. Eine Phosphatanreicherung kann aber zu unerwünschtem Algenwachstum führen. Um eine funktionierende Abbaukette zu erhalten, müssen immer genügend verschiedene Bakterien im Aquarium vorhanden sein. Bei der Neueinrichtung eines Aquariums ist das jedoch nicht der Fall. Nach den ersten Futtergaben können schnell das hochgiftige Ammoniak und Nitrit entstehen. Damit das nicht passiert, muss das Aquarium nach der Neueinrichtung zunächst »eingefahren« werden (→ Seite 50).

WUSSTEN SIE SCHON, DASS ...

... manche Fischen in extremen Wasserwerten leben?

Es gibt Fischarten, die bei extremen Wasserwerten nicht nur überleben, sondern sich sogar erfolgreich fortpflanzen. Ein Beispiel dafür ist die *Soda-Tilapie Oreochromis (Alcolapia) alcalicus*. Sie kommt im ostafrikanischen Natron-Seen vor, die einen pH-Wert von über 10 aufweisen können und Wassertemperaturen bis über 40 °C haben. Dagegen leben im Schwarzwasser Amazoniens viele Fischarten bei extrem sauren pH-Werten unter 4 und einem Mineralgehalt, der destilliertem Wasser gleichkommt. Es ist allerdings nicht nötig, solche Wasserwerte für die Pflege solch extremer Lebenskünstler im Aquarium zu imitieren, denn was Fische gerade noch in ihrem natürlichen Lebensraum aushalten, muss nicht unbedingt das sein, was sie als Optimum im Aquarium brauchen. Auch die an die extremsten Lebensräume angepassten Fischarten fühlen sich in einer weniger extremen Umwelt wohl.

Wasserwerte messen

Für die Konzentrationsmessung einzelner organischer Abbauprodukte gibt es im Aquarienhandel erhältliche Flüssigindikatoren (Tröpfchentests). Ebenfalls geeignet sind die besonders anwenderfreundlichen Stäbchentests, die aber

Damit es Ihren Aquarienbewohnern gut geht, muss **die Wasserqualität** im Aquarium stets kontrolliert und gegebenenfalls sofort verbessert werden.

schnell altern und dann unbrauchbar werden (auf das Verfallsdatum achten!). In der Einfahrphase des Aquariums messen Sie täglich den Gehalt von Ammonium, Nitrit und Nitrat. Später, alle ein bis zwei Wochen, oder wenn Sie Veränderungen an Fischen und Pflanzen beobachten, sowohl Ammonium, Nitrit und Nitrat als auch den Phosphatgehalt überprüfen. Viele Aquariengeschäfte bieten als Service die Messung Ihres Aquarienwassers an. Die im Folgenden beschriebenen Abhilfemaßnahmen bei zu hohen Werten sind Notfallmaßnahmen, die nur die Symptome und nicht die Ursache bekämpfen. Langfristig wichtig ist die (Wieder-) Herstellung einer funktionierenden biologischen Filterung beziehungsweise die Beschaffung von schadstofffreiem Ausgangswasser, gegebenenfalls durch Umkehrosmose (→ Seite 42).

Ammonium (NH_{4+}): Es existiert nur vorübergehend bei pH-Werten unter 7 und ist auch in hohen Konzentrationen kaum schädlich. Der Ammoniumgehalt muss deshalb nicht unbedingt gemessen werden, solange Sie sicher sind, dass der pH-Wert unter 7 ist. Allerdings wandelt sich das Ammonium bei einem pH-Sprung deutlich über 7 (z. B. durch einen Wasserwechsel) in das hochgiftige Ammoniak um und kann dann schlagartig zum Problem werden.

Ammoniak (NH_3): Es ist hochgiftig, die Konzentration ist schon ab 0,05 mg/l chronisch giftig. Bei zu hohen Werten muss als Sofortmaßnahme gegebenenfalls mehrmals hintereinander ein radikaler 80%iger Teilwasserwechsel durchgeführt werden. Helfen kann auch die vorsichtige Absenkung des pH-Wertes auf unter 7 oder die sofortige Zugabe von zeolithhaltigen Flüssigkeiten aus dem Zoofachhandel.

Nitrit (NO_2): Es ist ebenfalls hochgiftig und sollte in einem funktionierenden Aquarium überhaupt nicht nachweisbar sein. Bei zu hohen Werten muss sofort und gegebenenfalls mehrmals hintereinander ein radikaler 80%iger Teilwasserwechsel durchgeführt werden. Helfen kann auch eine sofortige Zugabe von zeolithhaltigen Flüssigkeiten.

Nitrat (NO_3): Es ist oft schon im Leitungswasser mit einer Konzentration von bis zu 50 mg/l enthalten. Fische

Der Schneckenbuntbarsch verträgt keine hohen Nitratwerte im Wasser.

vertragen Nitratkonzentrationen zwischen 50 und 100 mg einigermaßen schadlos, Werte darüber können aber langfristig schädlich sein. Zu hohe Werte werden durch Teilwasserwechsel mit nitratarmem Wasser oder durch Zeolithfilterung bekämpft.

Phosphate (PO_{4+}): Es ist manchmal schon im Leitungswasser vorhanden und sollte Konzentrationen von 0,05 mg/l nicht überschreiten, da es sonst zu Algenproblemen kommen kann. Zeolithfilterung schafft Abhilfe bei zu hohen Werten.

Diskusbuntbarsche lieben – so wie die meisten Aquarienfische – möglichst unbelastetes Wasser.

Neben den organischen Abfallprodukten ist das Zusammenspiel aus härtebildenden Salzen, der Kohlensäure und dem pH-Wert aquaristisch von besonderer Bedeutung.

Säuregrad (pH-Wert): Er ist eine wichtige Messgröße, weil viele Fische und Pflanzen entweder saures (und weiches) Wasser bevorzugen und alkalisches (und hartes) Wasser auf Dauer nicht vertragen oder umgekehrt. Sie können den pH-Wert wie alle anderen wichtigen Messwerte mit Messstäbchen oder Flüssigindikatoren aus dem Zoofachhandel messen. Je nach Säuregrad bezeichnet man Wasser als sauer (pH-Wert 1 bis 6,9), neutral (pH-Wert 7) oder alkalisch (pH-Wert 7,1 bis 14). Die meisten Fische fühlen sich in leicht saurem bis leicht alkalischem Wasser (pH-Wert um 6,5) am wohlsten. Es gibt aber Ausnahmen (→ Seite 38).

Wasserhärte: Sie beschreibt den Gehalt an härtebildenden Salzen im Wasser. Manche Fische brauchen nicht nur saures, sondern auch weiches Wasser. Als weiches Wasser bezeichnet man Wasser ohne oder mit nur wenig Härtebildnern, z. B. Kalk. Es gibt zwei wichtige »Härten«: Die besonders wichtige Karbonathärte, die in Grad Karbonathärte gemessen wird (°dKH), und die Gesamthärte, die in Grad deutscher Härte (°dGH) gemessen wird. Die Differenz ergibt die Nichtkarbonathärte. Bis etwa 8 °dGH bezeichnet man Wasser als weich, bei 8 bis 16 °dGH als mittelhart und bei allen Werten darüber als hart. Ein für die meisten Fische und Pflanzen ideales Wasser enthält kaum Karbonathärtebildner (um 4 °dKH) und etwa 5 bis 8 °dGH Gesamthärte. Die Karbonathärte, der Gehalt an im Wasser gelöster Kohlensäure und Säuregrad

Wie Sie den pH-Wert bestimmen können

Der Säuregehalt im Aquarienwasser wird von Säuren und ihren Gegenspielern, den Laugen, bestimmt. Den Säuregrad des Wassers stellen Sie anhand der Messung des pH-Wertes fest. Er hängt vom Verhältnis dieser Stoffgruppen ab.

Der Test beginnt:

Der Effekt der wichtigsten im Aquarienwasser vorhandenen Säuren lässt sich am Farbumschlag der käuflichen pH-Flüssigindikatoren messen. Nehmen Sie zwei Gläser und tropfen Sie pH-Flüssigindikator hinein. Blasen Sie dann Atemluft, die ja kohlendioxidhaltig ist, mit einem Strohhalm in die Gläser. Bei der Probe mit karbonathartem Leitungswasser dauert es länger, den pH in den sauren Bereich zu verschieben (Farbumschlag) als beim Regenwasser.

Mein Testergebnis:

hängen direkt miteinander zusammen. Im Aktivtest (→ oben) erfahren Sie, wie sich die Werte gegenseitig beeinflussen.
Leitwert: Dieser Wert gibt den Gesamtgehalt an gelösten Stoffen (Ionen) an. In der täglichen Praxis ist er nur von geringer Bedeutung. Er wird elektronisch gemessen und in mS/cm (mikroSiemens) angegeben. Je höher der Leitwert, desto höher ist wahrscheinlich auch die Härte und der Salzgehalt des Wassers.

Die Wassertypen

In der Aquarienpraxis kann man sieben verschiedene Wassertypen unterscheiden, die sich aus einer Kombination von Karbonathärte und pH-Wert ergeben. Diese Wassertypen nutze ich in diesem Ratgeber, um Ihnen schnell und einfach die grundlegenden Eigenschaften der vorgestellten Aquarien und die Pflegebedürfnisse der Aquarienfische zu vermitteln.

Typ 1: pH: 4,5 bis 6,5; °dKH 0 bis 3
Typ 2: pH: 5,5 bis 6,8; °dKH 3 bis 8
Typ 3: pH: 6,8 bis 7,5; °dKH 3 bis 8
Typ 4: pH: 6,8 bis 7,5; °dKH 8 bis 16
Typ 5: pH: 7,2 bis 8,5; °dKH > 12
Typ 6: pH: > 8; °dKH > 12
Typ 7: pH: > 8; °dKH > 12, mit 3 TL Seesalzzusatz pro 10 l Wasser

Wasser aufbereiten

Je nach der Region, in der Sie wohnen, kann für die Pflege Ihrer Fische Leitungswasser genügen. Falls Ihr Leitungswasser aber schadstoffbelastet ist (hohe Pestizid-, Phosphat- oder Nitratwerte) oder hohe Härtegrade aufweist, ist es für die Pflege anspruchsvoller Fische und Pflanzen oft unumgänglich, das Leitungswasser mit schadstoffarmem und härtebildnerfreiem Wasser zu verschneiden.

Umkehrosmose: Mit einer kleinen Umkehrosmose-Anlage stellen Sie gleichzeitig pestizid- und härtebildnerfreies Wasser her. Dabei fällt gleichzeitig die etwa drei- bis vierfache Menge Restwasser an, das etwas höher als das Leitungswasser konzentriert ist. Dieses muss gesondert aufgefangen werden, kann problemlos für andere Zwecke im Haushalt verwendet oder in die Kanalisation entsorgt werden. Aquaristische Umkehrosmosen-Anlagen liefern zwischen 30 und 150 l Wasser am Tag.

Regenwasser: Es enthält keine Härtegrade und kann zum Verschneiden mit Leitungswasser verwendet werden, wenn es nicht durch einen ungeeigneten Dachbelag (z. B. Kupfer) verunreinigt wurde oder in stark luftverschmutzten Gebieten gesammelt wird. Es sollte immer erst nach dem ersten Regenguss aufgefangen und sicherheitshalber einige Tage über Aktivkohle gefiltert werden.

Hinweis: Mischbett-Vollentsalzung auf Ionenaustauschbasis lohnt sich in der Aquaristik kaum, da die dabei verwendeten Austauscherpatronen kostspielig regeneriert werden müssen.

Mischungsverhältnis bestimmen

Da Regen- oder Umkehrosmosewasser fast völlig frei von Härtebildnern und

1 **Kristallklares** Aquarienwasser setzt eine intensive Filterung – wie in diesem großen Malawibecken – voraus. Messen Sie unbedingt die wichtigsten Wasserwerte regelmäßig.

2 **Die wichtigsten Wasserwerte** pH, Leitfähigkeit und Temperatur lassen sich bequem elektronisch messen. Kostengünstiger sind, richtig aufbewahrt, chemische Farbtests, wenn man nur wenige Messungen durchführt.

Die Oberläufe von tropischen Bergbächen gehören zu den reinsten Gewässern der Welt.

anderen Salzen (Spurenelementen) ist, müssen Sie es immer mit Leitungswasser mischen. Das richtige Mischungsverhältnis zwischen Leitungswasser und salzfreiem Wasser lässt sich leicht durch die Kreuzregel errechnen, wenn man den Härtegrad (Gesamthärte- oder Karbonathärtegrad in °dGH oder °dKH) des Leitungswassers bestimmt hat und weiß, welchen Karbonathärtegrad oder Gesamthärtegrad man erzielen möchte.
Schritt 1: Härtegrad voll entsalztes Wasser (0 °dGH oder °dKH) minus gewünschtem Härtegrad ergibt Anteile Leitungswasser (ohne Minuszeichen).
Schritt 2: Härtegrad Leitungswasser minus gewünschtem Härtegrad ergibt Anteile voll entsalztes Wasser.
Beispiel: Sie möchten durch Verschneiden von voll entsalztem Wasser mit Leitungswasser von 16 °dKH ein Aquarienwasser mit 4 °dKH herstellen. Nach der Kreuzregel müssen Sie 4 Teile Leitungswasser mit 12 Teilen voll entsalztem Wasser mischen (entspricht einem Mischungsverhältnis von 1:3).
Hinweis: Die Kreuzregel eignet sich nicht zur pH-Einstellung !

pH-Wert-Senkung (Ansäuern) und Karbonathärtesenkung mit Torf

Wer nur wenig karbonathärtearmes Wasser benötigt oder den pH-Wert gezielt senken möchte, kann dies auf natürliche Art mit düngerfreiem Weißtorfgranulat aus dem Zoofachhandel tun. Füllen Sie das Granulat in ein Gazesäckchen, das speziell für Filtermaterial angeboten wird, und platzieren Sie es im Topffilter, in einer der Filterkammern des Innenfilters oder mit einer rostfreien Klammer befestigt innen an einer Aquarienscheibe. Falls Sie es im Filter unterbringen, schalten Sie vor den Torfbeutel eine Schicht Filterschaumstoff. Messen Sie täglich die Karbonathärte und den pH-Wert. Wenn sich die Werte eingestellt haben oder sie sich nicht mehr verändern, entfernen Sie den Torf beziehungsweise ersetzen ihn durch neuen. Der gebrauchte Torf kann nicht mehr verwendet werden. Über Torf gefiltertes Wasser ist klar teefarben.

Aufhärten von Aquarienwasser

Manchmal ist es nötig, das Leitungswasser aufzuhärten. Dies erreichen Sie durch Zugabe von so genannten pH-Stabilisierern oder pH7/KH-plus-Reagenzien (Gebrauchsanweisung beachten!) aus dem Zoofachhandel.

4

Das Aquarium in Betrieb nehmen

Es ist so weit: Sie haben sich für ein bestimmtes Aquarium entschieden, und nun geht es daran, den Traum von der kleinen »Welt unter Wasser« in den eigenen vier Wänden umzusetzen.

Eine gute Planung garantiert den Erfolg

Wo soll das Aquarium stehen? Was müssen Sie beim Einrichten des Beckens beachten? Wie lange dauert die Einfahrphase? Was ist beim Kauf der Fische und Pflanzen zu berücksichtigen? Die Antworten darauf finden Sie in diesem Kapitel.

EINE »UNTERWASSERLANDSCHAFT« zu Hause zu haben bedeutet einiges an Planung vorab. Nicht nur die verschiedenen Fisch- und Pflanzenarten haben unterschiedliche Ansprüche, die in der Planung berücksichtigt werden wollen. Auch die richtige Aufstellung, der optimale Ablauf beim Einrichten und die Inbetriebnahme des Aquariums und seiner Technik sowie die artgerechte Gewöhnung der gekauften Fische an ihren neuen Lebensraum erfordern Planung, damit alles glatt läuft. Natürlich sollten Sie auch bereits wissen, wo der richtige Platz für das Aquarium ist.

Der richtige Platz für das Aquarium

Auch bei der Wahl des richtigen Standorts müssen immer die Aquarienbewohner im Vordergrund stehen.
Tragfähigkeit: Die Tragfähigkeit des Zimmerbodens und des Unterbaus spielen eine wichtige Rolle (→ Seite 19).
Sonneneinstrahlung: Direkte Sonneneinstrahlung fördert oft das Algenwachstum in unerwünschtem Ausmaß. Deshalb sollte das Aquarium keinesfalls auf der Fensterbank oder an einem sonnendurchfluteten Platz stehen.
Luftzirkulation: Der Aquarienstandort sollte gut durchlüftet sein, denn die etwas feuchtere Umgebungsluft des Aquariums kann an schlecht durchlüfteten Plätzen schnell zu Schimmelbildung an der Wand führen. Installieren Sie an schlecht durchlüfteten Stellen sicherheitshalber einen Kleinlüfter.
Energieversorgung: Es ist natürlich von großem Vorteil, wenn sich die Steckdosen in der Nähe des Aquariums befinden. So bleibt Ihnen der Blick auf lange, unschöne Kabel erspart.
Wasseranschluss: Besonders bei größeren Aquarien, die umfangreiche Wasserbewegungen für den regelmäßigen

Die apart irisierende Färbung des Brillantsalmlers kommt optimal zur Geltung, wenn etwas (!) Tageslicht seitlich in das Aquarium einfällt.

Teilwasserwechsel benötigen, lohnt es sich, Wasserzu- und ablauf so weit in der Nähe zu haben, dass direkte Schlauchverbindungen möglich sind. Auf diese Weise ersparen Sie sich das mühsame Wasserschleppen.
Ruhe: Fische brauchen Ruhe, denn sie können unter Stress leiden. Deshalb sind Standorte mit »Durchgangsverkehr«, wie z.B. der Flur, ungeeignet.

Aufstellen des Aquariums

Passen Sie beim Transport und beim Aufstellen des Beckens auf, dass Sie nirgendwo anstoßen. Die meisten Glasbrüche entstehen während des Transports und nicht beim Betrieb von Aquarien. Legen Sie eine dünne Styroporplatte oder eine Thermounterlage auf den Aquarien-Unterbau und stellen Sie das Becken darauf. Überprüfen Sie sowohl den Unterbau als auch das Becken auf exakt waagerechte Aufstellung mit Hilfe einer Wasserwaage. Achten Sie darauf, dass das Aquarium nicht »kippelt«. Halten Sie zwischen den Aquarienscheiben und den Zimmerwänden einen gewissen Abstand, um für ausreichende Luftzirkulation und Platz für Kabel und Schläuche zu sorgen.

Vor der Einrichtung des Aquariums zu bedenken

Ermitteln Sie nun den Materialbedarf für die Einrichtung. Detaillierte Hinweise für einige Beckenvorschläge finden Sie auf den Seiten 72 bis 119, die Sie als Richtwerte auch für ähnliche Aquarien verwenden können.
Einrichtung: Sie sollte sich vor allem an den Bedürfnissen der Fische, die Sie pflegen möchten, orientieren. Dazu gehört beispielsweise die Art des Bodengrundes, welche Verstecke geschätzt werden, die Art der Bepflanzung und die Verfügbarkeit von freiem Schwimmraum. Informieren Sie sich am besten ausführlich in der Fachliteratur.
Volumenbedarf: Wie viel an Depotdünger (1 bis 2 cm) und an Bodengrund Sie benötigen, ermitteln Sie über das Aquarien-Volumen (Länge x Breite x Höhe in cm : 1000 = Literzahl Bodengrund). Der Volumenbedarf für Steine und Wurzeln ist schwieriger zu ermitteln. Besorgen Sie eher etwas zu viel als etwas zu wenig, damit Sie später nicht ständig am Aquarium nachbessern müssen.
Der Bedarf an Wasserpflanzen für die Einrichtung wird gerne unterschätzt (→ Tipp, Seite 30). Kaufen Sie lieber mehr als weniger Wasserpflanzen und verzichten Sie dabei auf zusammengewürfelte Pflanzensortimente. Wählen Sie besonders für den Anfang robuste und schnellwüchsige Pflanzen und informieren Sie sich anhand der Fachliteratur über die Bedürfnisse weiterer Wunschpflanzen (→ Aquarienpflanzen, ab Seite 30).

Zu viel Unruhe in der Umgebung des Aquariums **verursacht den Fischen Stress**. Sorgen Sie deshalb für einen ruhigen Aquarien-Standort.

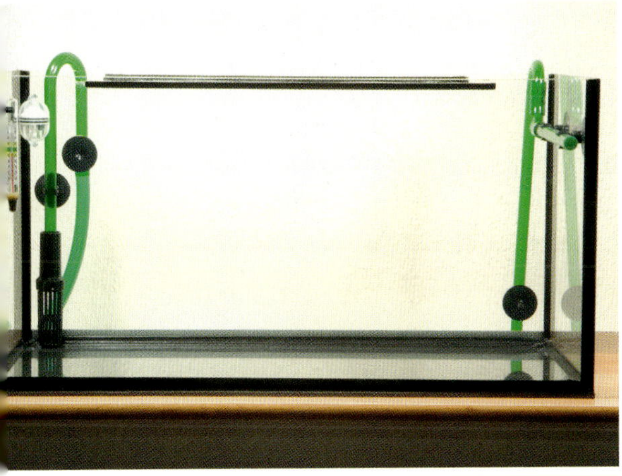

1 **Bevor die Dekoration** eingebracht wird, installieren Sie die Technik, damit sie beim späteren Einbau einer Innenrückwand dahinter Platz findet. Eventuell auch Platz für den Stabheizer einplanen.

2 **Im zweiten Schritt** wird die Innenrückwand montiert. Bevor der Bodengrund inklusive Depotdünger eingebracht wird, muss – wenn man keinen Stabheizer verwendet – das Bodenheizkabel verlegt werden.

3 **Die Bepflanzung** findet erst dann statt, wenn vorsichtig etwa ein Drittel Wasser der Beckenhöhe eingelassen wurde. Die Pflanzen werden wurzelschonend im Bodengrund verankert.

4 **Schließlich wird** das vorbereitete Wasser vollends eingelassen und die Technik in Betrieb genommen. Haben Sie jetzt Geduld und warten Sie etwa zwei Wochen, bevor Sie die Fische einsetzen.

Einrichten und Einfahren

Jetzt wird's ernst. Auf die Theorie folgt nun die Praxis. Richten Sie das Aquarium für seine späteren Bewohner ein und nehmen Sie es in Betrieb. Eine spannende Angelegenheit, die jedoch unglaublich viel Spaß macht.

BEVOR SIE LOSLEGEN: Denken Sie daran, dass ein Aquarium besonders in der Einfahrphase erst einmal Ruhe braucht. Die Funktionstüchtigkeit des Mini-Ökosystems Aquarium entsteht ja durch ein kompliziertes Zusammenspiel aller Bakterien, Tiere und Pflanzen im Aquarium, das sich erst im Lauf von ein paar Wochen einspielen muss. Deshalb sollte bereits der erste Einrichtungsversuch »sitzen«, sodass Sie später nur geringe Korrekturen, die immer auch als Störung gelten, vornehmen müssen. Überlegen Sie sich vor dem eigentlichen Einrichten genau, wie Sie die einzelnen Einrichtungselemente platzieren möchten. Eine Skizze (→ Tipp, unten) kann in diesem Fall sehr hilfreich sein.

TIPP

Skizze anlegen

Es lohnt sich, vor dem Einrichten den Grundriss des Aquariums aufzuzeichnen, vorhandene Steine, Wurzeln, Deko und Wasserpflanzen maßstabsgerecht zu skizzieren und auszuschneiden. So können auch z. B. Reviergrenzen durch geschickte Strukturierung der Deko für Buntbarsche im Voraus geplant werden.

Die Einrichtungsschritte

Und nun geht es an die einzelnen Einrichtungsschritte (→ Fotos, Seite 47).

Schritt 1: Falls Sie eine Innenrückwand einbringen möchten, schneiden Sie diese gegebenenfalls mit einer Holzsäge zu. Fixieren Sie die Rückwand im Aquarium und kleben Sie sie nahtlos mit Aquariensilikon auf Essigsäurebasis (kein Sanitärsilikon verwenden!) ein (Gebrauchsanweisung des Silikons beachten!). Beachten Sie nach dem Einkleben unbedingt die nötige Aushärtezeit des Silikons. Spülen Sie die Silikonnähte nach der Aushärtung mit Leitungswasser und entfernen Sie anschließend das Spülwasser.

Schritt 2: Bringen Sie nun die technischen Geräte (Filter, Heizung, CO_2-Düngung, evtl. Oxydator, Thermometer) jeweils nach beiliegender Gebrauchsanweisung an. Achten Sie darauf, dass das Thermometer nicht in der Nähe der Heizung untergebracht ist. Filterein- und -auslauf sollten möglichst weit voneinander entfernt angebracht werden, um das gesamte Aquarium zu durchströmen.

Schritt 3: Nun werden die Steinaufbauten ins Aquarium eingebracht und eventuell verklebt. Bei größeren Steinaufbauten eine dünne Styroporunterlage unterlegen. Steine stabil stapeln und dabei aufpassen, dass sie nicht auf die Bodenscheibe des Aquariums fallen. Gegebenenfalls Steinaufbauten mit Silikon oder Aquarienmörtel fixieren, aushärten lassen und dann erst das Becken weiter einrichten. Entfernen Sie überflüssige Styroporteile, indem Sie sie einfach abbrechen.

Schritt 4: Jetzt den Depotdünger (nach Bedarf) und den Bodengrund in der entsprechenden Dicke einbringen (→ Seite 26). Achten Sie darauf, dass der Bodengrund (nicht der Depotdünger) vorher gut ausgespült wurde.

Schritt 5: Drücken Sie nun die gegebenenfalls gut gewässerten Wurzeln (→ Seite 28) an der ausgewählten Stelle in den Bodengrund. Beschweren Sie Wurzeln, die noch aufschwimmen könnten, mit Steinplatten, die Sie später wieder entfernen können. Falls Sie Aufsitzerpflanzen pflegen wollen, binden Sie diese anschließend mit schwarzem (weil unauffälligem) Zwirn so fest, dass die

Um schnell starken Pflanzenwuchs zu bekommen, sollten Sie schon bei der Neueinrichtung viele Pflanzen einsetzen. Genug Schwimmraum für Schwarmfische lassen!

angebundenen Pflanzenteile fest sitzen, aber nicht beschädigt werden. Halten Sie die Pflanzen feucht.

Schritt 6: Füllen Sie nun vorsichtig das Becken bis zu einem Drittel mit temperiertem Wasser (Wasserwerte beachten). Leiten Sie dabei den Wasserstrahl über eine kleine Schüssel auf dem Bodengrund, damit der Bodengrund nicht aufwirbelt und dann das Wasser zu stark trübt.

1 **In der Anfangsphase** wachsen oft Fadenalgen im Aquarium. Amanogarnelen fressen diese Algen gern und können speziell dafür eingesetzt werden.

2 **Blaue Antennenwelse** sind ebenso wie etwa Rüsselbarben Algenfresser. Für eine artgerechte Pflege brauchen Antennenwelse unbedingt Wurzelholz und Versteckplätze.

Schritt 7: Setzen Sie nun die restlichen Pflanzen in den Bodengrund ein. Kürzen Sie dabei sehr lange Wurzeln ein wenig und drücken Sie sie vorsichtig in den Bodengrund, damit die Wurzeln nicht weiter verletzt werden. Der Bodengrund sollte etwa bis zum Wurzelhals reichen, jedoch nicht darüber.

Schritt 8: Füllen Sie jetzt das Aquarium ganz mit Wasser auf, gegebenenfalls aufschwimmende Wasserpflanzen erneut einpflanzen.

Schritt 9: Nehmen Sie das Aquarium in Betrieb. Überprüfen und justieren Sie die Technik.

Schritt 10: Nun beginnt die Einfahrphase Ihres Aquariums.

Die Einfahrphase

In den ersten Wochen nach der Einrichtung und Inbetriebnahme dürfen noch keine Fische in das Aquarium eingesetzt werden. Jetzt ist das Aquarienwasser noch mehr oder weniger biologisch tot, weil erst eine geringe Menge Bakterien im Aquarium und im Filter vorhanden sind. Und das bedeutet, alle anfallenden giftigen Zwischenprodukte des organischen Stoffwechsels (Ammoniak, Nitrit) werden noch nicht zu dem weniger giftigen Nitrat umgewandelt (→ Seite 39). Erst zwei bis vier Wochen nach der Einrichtung wird Ihr Aquarium biologisch ausreichend aktiv, das heißt, die nützlichen und für ein funktionierendes Aquarium unabdingbar notwendigen Bakterienstämme bauen sich im Filter und im Aquarium in solcher Menge auf, dass sie anfallende Stoffwechselprodukte abbauen können. Allerdings

Seba-Flossenblätter sind Brackwasserfische. Brackwasseraquarien brauchen eine lange Einfahrphase.

wachsen die Bakterien, die das hochgiftige Nitrit herstellen, schneller heran als die, die das Nitrit zu dem weniger schädlichen Nitrat weiterverarbeiten. Deshalb kommt es in der Einfahrphase anfänglich zu einer hochgiftigen Nitritanreicherung, die für Fische tödlich sein kann. Erst wenn nach etwa zwei bis drei Wochen mit den täglichen Wassertests kein Nitrit im Aquarium nachweisbar ist, dürfen die ersten Fische eingesetzt werden. Auch kurz nachdem die Fische eingesetzt wurden, ist eine regelmäßige Kontrolle des Nitritwertes nötig. Durch die Fische ist die Belastung des Wassers erhöht, und die Bakterienpopulationen müssen erst weiter anwachsen. Der regelmäßige Teilwasserwechsel von einem Viertel bis einem Drittel des Wassers in einem Abstand von ein bis zwei Wochen ist von nun an unumgänglich, weil sich sonst Nitrat und andere Stoffe anhäufen würden.
In der Einlaufphase oder kurz danach kommt es leicht zu Problemen, die sich auch zu anderen Zeiten einstellen können: starke Entwicklung von Blau- oder Fadenalgen und Trübungen. Wie Sie auf solche Probleme richtig reagieren, erfahren Sie im Kapitel »Was tun, wenn es Probleme gibt«, ab Seite 128.

Tipps und Tricks, um die Einfahrphase zu verkürzen

Die Einfahrphase lässt sich mit verschiedenen Methoden sicherer und eventuell auch schneller überbrücken. Folgende Möglichkeiten gibt es: Setzen Sie von Anfang an größere Mengen schnell wachsender und robuster Schwimmpflanzen ein, z. B. Hornkraut, Nixkraut, Teichlebermoos. Diese Pflanzen nehmen anfänglich anfallende Stoffwechselprodukte durch ihr enormes Wachstum auf, indem sie sie in ihrer Pflanzenmasse binden.
Der Einsatz eines Oxydators hilft, giftige in weniger giftige Stoffwechselprodukte zu überführen.
So genannte Filterstarter und bereits benutztes Filtermaterial aus einem eingefahrenen Filter setzen die Bakteriendichte von Anfang an herauf und verkürzen daher die Einfahrphase.
Hinweis: Dennoch ist es bei allen Methoden, die die Einfahrphase verkürzen können, wichtig, die Wasserwerte in kurzen Abständen zu überprüfen, um die tatsächliche Effektivität der Maßnahmen zu kontrollieren.

Der Kauf von Fischen und Pflanzen

Für Auswahl und Kauf Ihrer zukünftigen Aquarienbewohner sollten Sie sich ausreichend Zeit nehmen. Prüfen Sie genau, ob die angebotenen Fische tatsächlich gesund und die Pflanzen kräftig sind. So können Sie sich im Vorfeld Ärger ersparen.

BEVOR SIE ZUM EINKAUF der Fische und Pflanzen gehen, sollten Sie sich genau über die Bedürfnisse Ihrer »Wunschkandidaten« für Ihr Aquarium informiert haben.

Nachzucht oder Wildfang?

Viele beliebte Zierfische werden in spezialisierten Zierfischzüchtereien für den Aquarienhandel gezüchtet (so genannte Nachzuchten). Viele Arten lassen sich jedoch nicht im Aquarium nachzüchten oder ihre Nachzucht wäre zu kostenaufwändig. Solche Arten werden der Natur entnommen (so genannte Wildfänge).

TIPP

Erfahrungsaustausch

Aquarienvereine, aber auch Internet-Chatrooms bieten die Möglichkeit eines intensiven Erfahrungsaustausches zur Haltung und Zucht auch der ausgefallensten Fische und Pflanzen. Das sollten Sie nützen, denn die gesammelte Erfahrung von Spezialisten ist durch kein noch so gutes Fachbuch zu ersetzen.

Wildfänge sind in vielen Fällen anspruchsvoller in der Pflege, aber oft auch farbintensiver und vitaler als Nachzuchten aus der Massenproduktion. Dagegen stehen qualitativ hochwertige Nachzuchten Wildfängen in keiner Hinsicht nach. Kaufentscheidend sollte deshalb die Vitalität der Fische im Händlerbecken sein und nicht die Tatsache, ob es sich um Wildfänge oder Nachzuchten handelt (→ »Verantwortungsvoll einkaufen«, Seite 14).

Wo Sie Ihre Fische kaufen sollten

Es gibt mehrere Möglichkeiten, Fische zu erwerben. Der normale Weg führt über den qualifizierten Zoofachhandel. Die Auswahl des richtigen Zoofachgeschäftes ist sehr wichtig, weil sehr unterschiedlich in den verschiedenen Geschäften beraten wird und nicht jeder gute Kleinsäuger- oder Vogelkenner auch ein guter Fischspezialist ist. Am besten lassen Sie sich eine Empfehlung beim örtlichen Aquarienverein oder von einem befreundeten Aquarianer geben. Ein guter Zoofachhändler wird sich Zeit nehmen und gezielt Fragen zu Ihrem Aquarium stellen, bevor

Der Aquarienfischfang und -handel ist die Existenzgrundlage vieler Menschen in den Herkunftsländern.

er Ihnen bestimmte Fische empfiehlt. Falls Sie dennoch unsicher sind, ob Sie die richtige Beratung bekommen werden, hilft als Alternative, sich ein gutes Aquarienfischbuch mit zum Zierfischhändler zu nehmen. Überprüfen Sie die dort beschriebenen Pflegebedingungen der einzelnen Fischarten mit den Möglichkeiten, die Sie in Ihrem Aquarium zu Hause bieten können. So vermeiden Sie Enttäuschungen von Anfang an. Mittlerweile können Sie Fische auch über das Internet erwerben. Da diese Methode bisher noch nicht weit verbreitet ist, sollte ein solcher Kauf nur auf Empfehlung eines Aquarianers erfolgen, der mit dem ausgesuchten Händler bereits positive Erfahrungen gemacht hat. Ein guter Internethändler wird auch Qualitätsmerkmale auf seiner Homepage angeben, beispielsweise Nachweise für tierärztliche Unbedenklichkeit seines Betriebes und seines Transportes. Schließlich können Sie Zierfische auch von privaten Züchtern auf Fischbörsen oder über Anzeigen aus Zeitungen kaufen. Hier werden oft Arten angeboten, die Sie im Zoofachhandel nur selten bekommen. Wie auch im Zoofachhandel, sollten Sie sich aber vor Ort selbst ein Bild von der Qualität der Nachzuchten und Aquarien machen, bevor Sie sich zum Kauf entscheiden.

Gesunde Aquarienfische

Kaufen Sie Ihre Fische nur aus Becken, in denen

- ... keine toten oder sterbenden Fische liegen. Möglicherweise sind bereits

So gleichen Sie die Temperatur des Transportwassers an die des Aquarienwassers an.

Kaufen Sie nur Fische, die

- ... entsprechend ihrem normalen Verhalten munter wirken;
- weder eingefallene Bäuche noch eine besonders dünne Rückenmuskulatur haben (Messerrücken). Schlecht ernährte Fische sind in der Regel Todeskandidaten;
- ... eine natürliche Färbung aufweisen. Bedenken Sie bei der Beurteilung aber, dass verschiedene Fischarten sich auch unterschiedlich verhalten können und z. B. ruhiges Umherliegen oder Farblosigkeit zu ihrem normalen Erscheinungsbild gehört.

andere Fische mit den Krankheiten infiziert, an denen die Fische gestorben sind;

- ... kein Fisch schwer atmend unter der Wasseroberfläche steht oder zuckend, mit zusammengeklemmten Flossen, umherschwimmt oder sich an Gegenständen scheuert. Diese Anzeichen lassen auf eine schlechte Pflege des Beckens oder bereits vorhandene Krankheiten schließen;
- ... kein Fisch mit weißen Pünktchen, Trübungen am Auge oder ausgefransten Flossen schwimmt. Solche Merkmale sind eindeutige Krankheitsanzeichen (→ Seite 64);
- ... kein gelb-, grün- oder blaustichiges Wasser enthalten ist. Derart gefärbtes Wasser lässt auf Medikamenteneinsatz schließen und damit auf im Becken vorhandene Krankheiten.

Transport der Fische und Pflanzen

Fische und Pflanzen atmen Sauerstoff und müssen deshalb für jeden Transport zusammen mit gasförmigem Sauerstoff (vom Händler) oder Luft in einem Beutel verpackt werden. Dabei ist Folgendes zu beachten:

- Verwenden Sie nur Beutel mit runden Ecken, sodass sich keine Fische in den Ecken einklemmen können.
- Füllen Sie für den Transport der Fische den Beutel zu etwa einem Drittel mit Wasser und zu zwei Dritteln mit Luft (oder Sauerstoff).
- Pflanzen feucht, aber ohne viel Wasser zusammen mit Luft einpacken.
- Packen Sie nicht zu viele Fische in einen Beutel.
- Aggressive Fischarten einzeln in kleinere Beutel verpacken.
- Stachelige Fischarten wie beispielsweise Harnischwelse in einem dop-

pelt gesicherten Beutel transportieren. Dazu eine Lage Zeitung zwischen zwei Beutel packen, falls der erste durchstochen wird.

- Bei längeren Transporten Fische im Sommer wie im Winter z. B. in einer isolierten Styroporbox transportieren, um eine Überhitzung oder Unterkühlung zu vermeiden. Für kurze Transporte reichen Zeitungspapier oder Isoliertüten.

Einsetzen der Fische

Legen Sie den Fischbeutel zu Hause ungeöffnet auf die Wasseroberfläche des Aquariums und lassen ihn dort mindestens eine halbe Stunde zum Temperaturausgleich liegen. Damit sich die Fische an die neuen chemischen Wasserwerte gewöhnen können (jedes Aquarienwasser ist etwas anders), öffnen Sie nach einer halben Stunde den Beutel und lassen vorsichtig etwa ein Viertel der Wassermenge, die schon im Beutel ist, einlaufen. Diesen Vorgang wiederholen Sie noch zweimal im Abstand von etwa 10 Minuten.
Lassen Sie die Fische nun langsam mit dem Wasser aus dem Beutel ins Aquarium gleiten oder gießen Sie das Beutelwasser über einem Eimer durch einen Kescher und setzen Sie die Fische ohne das Beutelwasser ins Aquarium. Achten Sie unbedingt darauf, dass keine Fische in den Falten des Beutels stecken bleiben oder beim Umgießen auf den Zimmerboden springen.

MEIN HEIMTIER

Fischverhalten im Verlauf der Einrichtungsphase

Fische, die in eine neue Umwelt kommen, reagieren gestresst, denn hier kennen sie die vermeintlichen Gefahren noch nicht. Beim Einsetzen lernen Sie deshalb das natürliche Stress- und Orientierungsverhalten Ihrer Pfleglinge kennen.

Fische beobachten:

Nach dem Einsetzen werden sich selbst einzelgängerische Fische zu einer Gruppe zusammenschließen, falls sie nicht sofort geeignete Verstecke aufsuchen und dort erst einmal abwarten. Die meisten Arten zeigen in dieser Situation eine typische Schreckfärbung, die sich verliert, wenn die Tiere sich sicher fühlen. Diese Färbung zeigen sie auch, wenn sie z. B. falsch gepflegt werden oder krank sind. Was können Sie noch beobachten?

Meine Beobachtungen:

5. Pflege, Ernährung und Gesundheit

Die artgerechte Haltung der Fische, eine gute Pflege des Lebensraums Aquarium und eine ausgewogene und gesunde Ernährung der Aquarienbewohner sind die beste Gesundheitsvorsorge.

Aquarien-Pflege

Drei Punkte sind für die richtige Pflege eines Aquariums besonders wichtig: die tägliche Kontrolle des Wohlbefindens aller Aquarienbewohner, die Funktionstüchtigkeit der Technik im Becken und der regelmäßige Wasserwechsel.

Teilwasserwechsel

Auch der beste Filter unterstützt lediglich die bakterielle Umsetzung von giftigen Stoffwechselprodukten der Fische in weniger giftige, entfernt diese aber nicht endgültig aus dem Aquarium (→ Seite 20). Sauberes Wasser erreichen Sie am sichersten durch den regelmäßigen Teilwasserwechsel von einem Viertel bis einem Drittel des Beckeninhalts pro Woche. Auf diese Art entfernen Sie alle im Wasser gelösten Schadstoffe. Halten Sie einen Schlauch mit entsprechender Befestigung (z. B. einhängbares U-Rohr), Anschlüssen und ausreichender Länge bereit, mit dem Sie das Wasser direkt in den Ausguss leiten bzw. das frische Wasser direkt aus dem Wasserhahn oder dem Vorratsbehälter in das Aquarium leiten können. Stellen Sie vor dem Wasserwechsel alle technischen Geräte ab, um das Trockenlaufen von Pumpen und Heizern zu vermeiden. Saugen Sie dann mit dem Schlauch das Wasser und gleich die auf dem Boden liegenden Futterreste mit ab. Zu diesem Zweck bietet der Zoofachhandel entsprechende Vorsatzstücke für den Schlauch (»Mulmglocken«) an, die verhindern, dass versehentlich Bodengrund oder Fische mit aufgesaugt werden. Füllen Sie dann mit temperiertem Wasser und eventuell in der Wasserqualität angeglichenem Wasser wieder auf (→ Gießkannenmethode, Seite 70).

Weitere Pflegemaßnahmen

Filterpflege: Nach der Anlaufphase des Filters, die mehrere Wochen andauern kann, wird jeweils nur die erste mechanisch arbeitende Filterschicht unter kühlem Wasser ausgespült oder ersetzt, falls sie langsam zerfällt oder sich so zugesetzt hat, dass der Wasserstrom merklich reduziert ist. Die »biologischen Filtermaterialien« werden nur dann gespült, wenn der freie Wasserdurchfluss auch nach der Reinigung der ersten Filterstufe nicht mehr gewährleistet ist.
Wichtig: Filter nie mit heißem Wasser spülen – die Bakterien würden abgetötet

Für die erfolgreiche Pflege vieler Malawi-Buntbarsche kommt es vor allem auf die richtige Fütterung und eine gute Wasserqualität an.

CHECKLISTE

Tägliche Kontrolle

Je früher Sie eine Störung im Aquarium entdecken, umso geringer wird in der Regel der Schaden sein.

- ○ Beobachten Sie bei der Fütterung möglichst jeden Fisch. Achten Sie auf Veränderungen in Verhalten oder Aussehen.
- ○ Bei Veränderungen Wasserwerte messen, Krankheiten diagnostizieren, Fische trennen, die nicht zueinander passen.
- ○ Tote Fische aus dem Aquarium entfernen, bevor sie durch ihre Verwesung das Aquarienwasser zu stark belasten.
- ○ Filter und die anderen technischen Geräte sowie die Wassertemperatur genau überprüfen.

und die Filterwirkung wäre dahin. Die nur vorübergehend einzusetzenden chemisch-physikalischen Filtermaterialien wie Torf, Aktivkohle oder Zeolith erschöpfen sich nach etwa einer Woche Betriebszeit und müssen dann ausgetauscht oder nach Anleitung regeneriert werden.

Pflanzenpflege: Schneiden Sie regelmäßig gelb oder fleckig werdende Blätter ab, kürzen Sie Stängelpflanzen ein und lichten Sie Schwimmpflanzen aus. Düngen Sie regelmäßig, aber äußerst sparsam (das erste Mal 4 Wochen nach der Neueinrichtung) mit einem speziellen Wasserpflanzen-Flüssigdünger. Depotdünger nur nachdüngen, wenn das Wachstum merklich nachlässt oder gelbe Blätter geschoben werden.

Scheiben reinigen: Bequem sind schwimmfähige und starke Algenmagneten, die im Aquarium verbleiben. Diese sind aber nicht zu empfehlen, wenn Sie Sand oder feinkörnigen Kies im Aquarium haben, weil sich in dem Reinigungsfilz Sandkörner verfangen, die dann die Aquarienscheibe verkratzen. Verwenden Sie stattdessen grobe Edelstahlwolle aus dem Haushaltswarenladen oder Plastikkratzer.

Wartung der Technik: Bei Kreiselpumpen verschleißen oder verschmutzen die Keramikwelle und das Flügelrad. Verursacht die Pumpe stärkere Geräusche, müssen Keramikwelle und Flügelrad nach Gebrauchsanweisung gereinigt oder – wenn das nichts hilft – ersetzt werden.

Leuchtstoffröhren und HQI-Brenner verändern ihre Lichtabgabe nach etwa 12 Monaten so stark, dass es sinnvoll sein kann, diese durch neue zu ersetzen. Da einige Pflanzen aber den völligen Wechsel nicht gut vertragen, sollten Sie nicht alle Leuchtmittel eines Aquariums gleichzeitig, sondern um einige Monate zeitlich versetzt austauschen.

Messfühler von elektronischen Messgeräten müssen nach Herstellerangabe neu kalibriert werden, um zuverlässige Werte anzuzeigen.

Verbrauchsmittel von Oxydatoren und CO_2-Düngegeräten müssen regelmäßig nachgefüllt werden, um eine gleichmäßige Versorgung zu gewährleisten.

Bei Umkehrosmosegeräten müssen Sie den Feinfilter regelmäßig austauschen und die Membran bei Nichtgebrauch etwa einmal in der Woche für ein paar Minuten rückspülen.

Futter und Fütterung

Die Versorgung Ihrer Fische mit gesunder Nahrung ist in der heutigen Zeit kein Problem mehr. Im Zoofachhandel finden Sie für die meisten Aquarienfisch-Arten alles, um die Tiere ausgewogen und vielseitig zu ernähren.

IN IHRER NATÜRLICHEN Umwelt ist das Nahrungsangebot für tropische Süßwasserfische sehr vielseitig. Doch mit den verschiedenen Fertigfuttersorten wie etwa Frost-, Trocken- und Geleefutter und lebenden Futtertieren aus dem Zoofachhandel können Sie fast allen Fischarten gesundes Futter bieten. Inzwischen gibt es auch ein sehr reichhaltiges Angebot an Spezialfutter für bestimmte Fischgruppen mit besonderen Ansprüchen sowohl an die Zusammensetzung als auch an die Struktur des Fertigfutters. Einige Fischarten nehmen keine Art von Fertigfutter an, weil es sich nicht bewegt. Für diese Fische, aber auch zur optimalen und abwechslungsreichen Ernährung aller anderen Arten, sollten Sie Lebendfutterzuchten anlegen oder auf die lebenden Futtertiere, die der Zoofachhandel anbietet, zurückgreifen.

Achten Sie auf Qualität!

Sowohl bei Trocken- als auch bei Frostfutter lassen sich allerdings ganz erhebliche Qualitätsunterschiede feststellen. Besonders wertvolles Trockenfutter besteht aus gefriergetrockneten Futtertieren, für größere Fische lohnt sich auch der Blick in die Futtersortierung der Terrarienabteilung. Das als Einsteiger in die Aquaristik zu erkennen ist jedoch nicht einfach. Daher mein Tipp: Greifen Sie auf die Empfehlungen erfahrener Aquarianer zurück, die häufig ihr Wissen inzwischen auch über das Internet, leicht zugänglich, verbreiten.
Hinweis: Über die Futteransprüche einzelner Fischarten, sofern sie nicht in den Aquarienbeispielen ab Seite 72 aufgeführt sind, informiert Sie die Fachliteratur (→ Seite 142).

Trockenfutter

Trockenfutter gibt es in den unterschiedlichsten Zusammensetzungen, sodass Sie individuell auf die Fressgewohnheiten der einzelnen Fischarten eingehen können. Beispielsweise gibt es ballaststoffreiche Sorten für Holz fressende Harnischwelse, grünfutterhaltige für Lebendgebärende und bestimmte Buntbarsche oder besonders gehaltvolle als Aufzuchtfutter für Jungfische. Außerdem ist es in unterschiedlichen Konsistenzen erhältlich, sodass auch das Ernährungsverhalten der einzelnen Arten berücksichtigt werden kann.
Futterflocken: Sie stellen die universellste Darreichungsform für Oberflächen- und Freiwasserfische dar und werden von fast allen Arten (zumindest nach einer kurzen Gewöhnungsphase) angenommen.

1 Fächerhandgarnelen sind Planktonfiltrierer. Ihr natürliches Verhalten zeigen sie auch im Aquarium, wenn man ihnen einen strömungsreichen Platz bietet.

2 Die meisten Fische lieben Grünfuttergaben, beispielsweise überbrühten Brokkoli. Um die Grünfuttergaben an ihrem Platz zu halten, fixieren Sie sie am besten an einem Stein mit einem Gummiband.

3 Granulatfutter, ebenso wie auch andere Futtersorten, ist ein hochwertiger Ersatz oder eine Ergänzung für die Fütterung der meisten Aquarienfische.

Feines oder gröberes Granulat: Es eignet sich für kleine oder Freiwasserfische und vor allem für Bodenfische.
Pellets: Die großen Pellets sind besonders für gefräßige Großfische geeignet. Verwenden Sie aber nur sparsam Produkte aus der Teichwirtschaft, weil diese für schnelles Wachstum und nicht für optimale Gesundheit von Aquarienfischen ausgelegt sind.
Futtertabletten: Besonders Tabletten mit Spirulina-Algenanteil eignen sich für die gezielte Fütterung von Bodenfischen.

Geleefutter

Futter in Geleeform ist gut portionierbar und besonders für Bodenfische geeignet. Reichen Sie es größeren Fischen gezielt mit Hilfe einer Pinzette.

Pflanzenfutter

Bis auf die ausgesprochenen Räuber sind die meisten Fischarten unter natürlichen Bedingungen fast immer auf der Nahrungssuche und fressen den ganzen Tag über kleine Portionen ballaststoffreichen Futters. Deshalb brauchen die meisten Fische auch im Aquarium ballaststoffreiches Grünfutter. Viele Fische, beispielsweise Harnischwelse, knabbern gern an frischem Grünfutter wie etwa Löwenzahnblättern, Zucchinischeiben oder Vogelmiere. Aber auch bei vielen anderen Aquarienfisch-Arten werden Sie Abnehmer für gelegentliche Grünfuttergaben finden. Empfehlenswert ist es, wenn Sie Grünfutter aus dem Bioladen füttern. Probieren Sie doch einfach mal aus, was Ihre Fische mögen (→ Test, Seite 61).

Frost- und Lebendfutter

Im Zoofachhandel sind das ganze Jahr über die verschiedensten Frost- und Lebendfuttersorten erhältlich. Von den tiefgefrorenen Lebendfuttersorten sollten Sie eine Auswahl bereithalten, um für Abwechslung und ausgewogene Ernährung eventuell zusätzlich zur Trockenfutterfütterung zu sorgen. Da einige Fische ausschließlich lebendes Futter fressen, bietet der Zoofachhandel inzwischen auch eine kleine Auswahl lebender Futtertiere an. Der Kauf dieser Nahrung, die in kleinen Plastikbeuteln eingeschweißt ist, lohnt sich aber nur, wenn Sie kleine Mengen benötigen. Wer dauerhaft Lebendfutter braucht oder seinen Fischen bieten möchte, sollte besser auf die gar nicht so aufwändige Aufzucht von Artemia-Salzkrebschen, Grindalwürmchen oder Wasserflöhen zurückgreifen. Zuchtansätze und Anleitungen dazu bekommen Sie über den Zoofachhandel (Artemia) oder über den Anzeigenteil von Aquarienzeitschriften oder über das Internet. An verschiedenen Frost- bzw. Lebendfuttersorten bietet der Handel Folgendes an:

Kleinkrebse: Diese Futtertiere haben einen höheren Ballaststoffanteil als Trockenfutter. Zudem enthalten sie natürliche Farbstoffe, die vor allem das Rot in der Färbung der Fische intensivieren. Es gibt verschiedene Arten von Kleinkrebsen, und selbst die kleinsten werden gern auch von größeren Fischen angenommen.

MEIN HEIMTIER

Welches Futter bevorzugen Ihre Fische?

Fische haben artspezifische, manchmal aber auch individuelle Futtervorlieben, die davon abhängen können, was Fische in ihrer »Jugend« gefressen haben. Sie können die Vorlieben Ihrer Fische durch Vergleichstests herausfinden.

Der Test beginnt:

Bieten Sie Ihren Fischen zwei Futtersorten gleichzeitig an. Die Futtersorte, die sie eher annehmen, ist die bevorzugte. Bei der nächsten Fütterung bieten Sie die bevorzugte und eine weitere Futtersorte an. Auf diese Weise können Sie die geschmackliche Beliebtheitsrangfolge für die einzelnen Fischarten herausfinden. Es kann sein, dass ein bestimmtes Futter »langweilig« wird und Sie nach einem halben Jahr ein anderes Ergebnis erhalten.

Mein Testergebnis:

Ein Aquarium für Kinder

Unsere beiden 8- und 10-jährigen Söhne wünschen sich ein Aquarium mit Fischen und Pflanzen. Wir möchten diesen Wunsch gern erfüllen. Doch wie würden Sie diese Sache angehen?

ES MACHT VIEL SPASS, Kinder für ein Aquarium zu begeistern. Weil aber Kinder, je nach Alter und Charakter, unterschiedliche Fähigkeiten haben, die erforderliche Pflege und Sorgfalt durchzuführen, sollte ein »Kinderaquarium« möglichst pflegeleicht und gleichzeitig anregend sein.

Pflegeleichte Fische und Pflanzen

Fische und Pflanzen in einem pflegeleichten Aquarium müssen leichte Pflegefehler tolerieren können. Es gibt Arten, die von Natur aus ein breiteres Spektrum an Lebensbedingungen gewohnt sind und sich bereits seit langer Zeit in der Aquaristik als robust herausgestellt haben. Solche Arten werden gelegentlich als »Anfängerarten« bezeichnet und sind z. B. Zebrabärblinge, Platys, Metallpanzerwelse und Blaue Antennenwelse. Werden solche Fische zusammen mit Pflanzen, wie etwa Javamoos, Hornkraut, Wendts Wasserkelch und Vallisnerien, in einem größeren und gut beleuchteten Becken (ab 100 l) gehalten, hält sich die negative Wirkung von kleinen Pflegefehlern in Grenzen.

Motivierende Aufbauschritte

Wie Erwachsene auch, freuen sich Kinder über positive Veränderungen im Aquarium. Es lohnt sich daher, z. B. Einrichtungsgegenstände und den Fischbesatz in Etappen einzukaufen, auch wenn das Aquarium schon eingefahren ist. So baut sich die Lebensgemeinschaft langsam auf, und die Begeisterung wächst mit den neuen Erlebnissen. Wenn diese Begeisterung dann durch Nachwuchs bei einer brutpflegenden Fischart, z. B. von Antennenwelsen oder maulbrütenden Buntbarschen, einen Höhepunkt erfährt, dann reicht die Begeisterung auch für die nachhaltige Pflege eines Aquariums. Natürlich bleibt – je nach Alter – die kontrollierende Begleitung der Pflege durch die Eltern nötig.

Das Internet als Stimulans nutzen

Es macht nach meiner Erfahrung Kindern wahnsinnig viel Spaß, zusammen mit den Eltern im Internet nach Bildern und Informationen zu der gepflegten Fisch- und Pflanzenart, den Herkunftsländern und den Lebensräumen zu suchen. Persönlich geschriebene Zuchtberichte über Fische mit Bildern von der gesunden Nachzucht stimulieren auch die Kinder zu einer anhaltenden Pflege. Wenn die Lieblingsart dann auch noch als Bildschirmhintergrund installiert wird, unterstützt das den eigenen Ehrgeiz für eine erfolgreiche Pflege.

Hüpferlinge, Bosminen, Wasserflöhe: Sehr empfehlenswert sind die nahrhaften Hüpferlinge (Cyclops) und die Bosminen. Der Nährwert von Wasserflöhen (Daphnien) ist geringer. Als Alleinfutter sind sie deshalb nicht geeignet.

Mückenlarven: Von den drei verschiedenen Mückenlarven-Sorten eignen sich die kleineren Schwarzen, aber auch kleine Weiße Mückenlarven am besten. Schwarze Mückenlarven kann man mit einem feinen Aquarienkescher im Sommer gut in Pfützen und Regentonnen, wo sie direkt unter der Wasseroberfläche hängen, selbst fangen. Weiße Mückenlarven werden manchmal lebend im Zoofachhandel angeboten. Sowohl Schwarze als auch Weiße Mückenlarven bekommt man zu jeder Jahreszeit gefroren im Zoofachhandel. Rote Mückenlarven aus Zuchten, die Sie in Säckchen eingeschweißt im Zoofachhandel kaufen können, sind ein hervorragendes Futter als gelegentliche Gabe.

Achtung: Einige Menschen reagieren stark allergisch auf Rote Mückenlarven!

Tubifex: Ein besonders nahrhaftes Futter sind so genannte Tubifex-Würmer, die man nur lebend im Handel erhält. Wegen ihrer manchmal hohen Schadstoffbelastung und ihrem hohen Fettgehalt sollte man sie nicht zu häufig verfüttern. Für viele Fische, die nur schwer zu füttern sind, stellen sie aber oft die einzige Alternative dar, wenn kein anderes Lebendfutter zu bekommen ist. Lagern Sie Tubifex in einem Wassergefäß, das unter einem gut tropfenden Wasserhahn steht, damit sich die Würmer frisch halten.

Artemia-Nauplien, Grindal-Würmer: Beide Futtertierarten sind leicht zu züchten und helfen den Winter zu überbrücken, wenn Lebendfutter knapp ist. Wenn Sie sich entschließen, in einer Futterzucht selbst zu kultivieren, haben Sie nie Probleme bei der Fütterung aller Fischarten, die in diesem Buch aufgeführt sind. Eine Anleitung zur Aufzucht von Artemia-Nauplien aus Dauereiern finden Sie in dem Kapitel »Nachwuchs im Aquarium«, ab Seite 127.

Hochwertiges Trockenfutter kann für die ausschließliche Ernährung ausreichend sein. Das gilt aber nur für anspruchslose Arten wie die hier abgebildeten Platys.

Fischkrankheiten

Wenn Sie gesunde Fische gekauft haben und die jeweiligen Pflege- und Vergesellschaftungsansprüche Ihrer Aquarienbewohner berücksichtigen, dann kann eigentlich nicht viel schief gehen. Die meisten Krankheiten entstehen durch Pflegefehler.

ROBUSTERE FISCHARTEN vertragen auch einmal kleinere Pflegefehler, wenn sie denn rechtzeitig bemerkt und korrigiert werden. Wenn nicht, verschlechtert sich die Immunabwehr der Fische. Das führt häufig zu einer höheren Anfälligkeit für Infektionskrankheiten oder zu Vergiftungen. In den seltensten Fällen sind eingeschleppte Keime die Ursache für eine Erkrankung.

Vergiftungen

Vergiftungen durch Pestizide, Chlor oder Schwermetalle aus dem Leitungswasser werden immer wieder für schleichende Vergiftungserscheinungen bei Aquarienfischen verantwortlich gemacht. Aber auch Vergiftungen durch Pflegefehler, die langsam oder schlagartig zu einer Anreicherung giftiger Stoffwechselprodukte wie Nitrit, Ammoniak oder Nitrat führen, können für Krankheitssymptome bei Aquarienfischen ursächlich sein.

Vergiftungen lassen sich an folgenden Symptomen, die einzeln oder in Kombination auftreten können, erkennen:

Atemprobleme: Die Fische »hängen« schwer atmend unter der Wasseroberfläche. Dies kann natürlich an mangelnder Sauerstoffversorgung liegen, aber auch daran, dass die Atmung der Fische trotz ausreichenden Sauerstoffangebots wegen einer Vergiftung nicht mehr funktioniert.

Schreckhaftigkeit: Auch das Umherschießen der Fische im Becken kann häufig beobachtet werden. Die Fische schwimmen nicht ruhig, sondern rea-

CHECKLISTE

Stressfaktoren

Gestresste Fische werden leicht krank. Folgende Faktoren können Stress bei Fischen verursachen:

- Zu viel Unruhe vor dem Aquarium
- Erschütterungen, z. B. durch das Klopfen an die Aquarien-Scheiben
- Ständige Umgestaltung im Aquarium
- Den meisten Fischen verursacht eine grelle Beleuchtung in Kombination mit hellem Bodengrund Stress
- Fehlende Versteckmöglichkeiten
- Falsche Vergesellschaftung
- Nicht artgerechte Wasserwerte

In gut gepflegten und nicht zu dicht besetzten Aquarien kommt es nur selten zum Ausbruch von Krankheiten.

gieren ungewohnt panikartig mit ruckartigen Bewegungen.

Auffällige Blässe: Nicht nur Blässe, sondern auch übermäßig intensive Farben weisen auf eine Vergiftung hin.

Hinweis: Verwechseln Sie die plötzlich intensiven Farben nicht mit dem angelegten Balzkleid.

Apathie: Eine Apathie ist oft verbunden mit taumelnden Bewegungen der Fische, die eine eingeschränkte nervöse Steuerung anzeigen.

Was Sie tun können: Leitungswasservergiftungen durch Chlor (»Schwimmbadgeruch«) können Sie durch starke Belüftung aus dem Aquarienwasser austreiben (→ Seite 23). Falls Sie entdecken, dass Sie kupferne oder bleihaltige Leitungsrohre im Haus haben, dürfen Sie aus diesem Leitungssystem kein Wasser mehr für Ihr Aquarium verwenden. Vergiftungen durch Anreicherung von Stoffwechselprodukten wirken Sie durch einen massiven Teilwasserwechsel und Filterung über Zeolith entgegen (→ Seiten 57 und 133).

Die häufigsten Krankheiten

Es gibt eine Vielzahl verschiedener Fischkrankheiten. Die häufigsten finden Sie im folgenden Text beschrieben:

Krankheitsanzeichen: Im Allgemeinen verhalten sich kranke Fische eher apathisch, oft verweigern sie auch die Futteraufnahme, schnappen sich ein Futterpartikel, spucken es aber wieder aus. Schon länger kranke Fische magern sichtbar ab und zeigen oft nicht mehr die Farben, die sie schon einmal hatten.

Fischkrankheiten auf einen Blick

Lochkrankheit

Die Ursachen für die Lochkrankheit sind nicht immer klar. Oft hilft eine besonders vitaminreiche Ernährung, Zugabe von Spurenelementen im Wasser, Verminderung von Stress und eine Verbesserung der Wasserqualität.

Parasitenbefall

»Scheuern« ist ein Zeichen vom Befall mit Ektoparasiten, also Parasiten, die vor allem auf der Haut schmarotzen. Diese werden oft mit neuen Fischen eingeschleppt. Abhilfe schaffen bewährte Mittel aus dem Zoofachhandel.

Weißpünktchen

Dieser Salmler ist von der Weißpünktchenkrankeit befallen. Man erkennt die ersten Hautparasiten am besten von schräg vorne. Die Therapie erfolgt chemisch, mit Medikamenten aus dem Zoofachhandel.

Fischtuberkulose

Glotzaugen sind meist durch den massiven und nicht behandelbaren Befall mit Fischtuberkulose bedingt. Die Fische sind dann meist aufgetrieben, die Schuppen sträuben sich ab. Solche Fische müssen getötet werden.

Vorsorge treffen

Die wichtigsten Regeln zur Vorbeugung von Krankheiten sind: regelmäßige Wasserwechsel und Wasserpflege; eine optimale Ernährung; keine Fische aus Becken mit kranken Fischen kaufen.

Weißpünktchenkrankheit

Symptome: Weiße, bis 1,5 mm große Punkte auf der Körperoberfläche, heftige Atmung sowie häufiges Scheuern.
Ursache: »Ichthyo« ist ein einzelliger Hautparasit.
Therapie: Verschiedene ausgezeichnete Medikamente auf Malachitgrünoxalat-Basis sind im Zoofachhandel erhältlich. Gebrauchsanweisung genau beachten, sonst kommt es zum Wiederausbruch! Verzichten Sie auf kupferhaltige Medikamente.

Goldstaubkrankheit oder »Oodinium«

Symptome: Anfänglich auf den Flossen, später am ganzen Körper feiner weißlicher, grauer oder golden wirkender Staubbelag (einzelne Punkte nur bis 0,3 mm groß). Die Fische scheuern sich.
Ursache: Auch Oodinium ist ein einzelliger Hautparasit.
Therapie: Die Behandlung sollte in härterem Wasser mit speziellen Oodinium-Medikamenten aus dem Zoofachhandel erfolgen. In Weichwasserbecken Kochsalzzugabe (2 bis 4 Teelöffel jod- und zusatzfreies Salz auf 10 l Wasser). Klingt die Krankheit ab, mehrere Teilwasserwechsel durchführen, um die Fische und Pflanzen nicht unnötig zu belasten.

Kiemen- und Hautwürmer

Symptome: Die Fische scheuern sich häufig, atmen heftig und machen immer wieder heftige Schluckbewegungen, ohne Futter aufzunehmen.
Ursache: Parasitische Würmer an den Kiemen.
Therapie: Speziell auf Kiemen- oder Hautwürmer ausgerichtete Medikamente im gut sortierten Zoofachhandel nach Gebrauchsanweisung anwenden oder Formalinkurzbäder nach Anleitung eines Tierarztes.

Bauchwassersucht/ Fischtuberkulose

Symptome: Unnatürlich aufgetriebener Bauch und/oder hervorstehende Glotzaugen und/oder tannenzapfenartig abstehende Schuppen und/oder verkrümmte Wirbelsäule.
Ursache: So genannte Mykobakterien.
Therapie: Unheilbar. Töten Sie alle befallenen Fische tierschutzgerecht (→ Seite 69). Die Erreger können im Aquarienwasser vorhanden bleiben, aber bei Verbesserung der Pflegebedingungen kommt es nicht mehr zum Ausbruch der Krankheit. Falls alle Fische betroffen sind, töten Sie alle und desinfizieren Sie das Aquarium und alle technischen Geräte mit einem tuberkulosedesinfizierenden Mittel aus der Apotheke.

Beobachten Sie Ihre Fische täglich genau. Je früher Sie eine **Krankheit erkennen**, umso besser sind die Heilungschancen der erkrankten Tiere.

Achtung: Tragen Sie dabei unbedingt Gummihandschuhe, denn die Fischtuberkulose kann relativ ungefährliche Hautkrankheiten beim Menschen auslösen. Suchen Sie bei Veränderungen an der Haut Ihrer Hände einen Arzt auf.

Lochkrankheit

Symptome: Besonders bei Buntbarschen aus mineralarmen Heimatgewässern, z. B. Diskusfischen, entstehen langsam immer größer werdende grubenförmige Vertiefungen in der Kopfregion. Die Gruben können, müssen aber nicht einen weißen Belag enthalten.
Ursache: Entweder ein Vitamin-D- oder Kalzium-Mangel oder eine Infektion mit einzelligen Darmparasiten (Hexamita). Es kann sich aber auch um eine Kombination aus beidem handeln.
Therapie: Versuchen Sie es zunächst mit einer gezielten Anreicherung des Futters mit Präparaten aus dem Terraristikbereich, die Vitamin D und Kalzium enthalten. Falls das nichts hilft und der Kot der Tiere fädig und weißlich ist, sollten Sie einen Tierarzt um Rat fragen.

Medikamente richtig anwenden

Die meisten Medikamente haben Nebenwirkungen, die sich auch auf gesunde Bewohner des Aquariums auswirken können. Deshalb ist eine gesonderte Behandlung einzelner Fische in einem Extrabecken sinnvoll. Allerdings gibt es

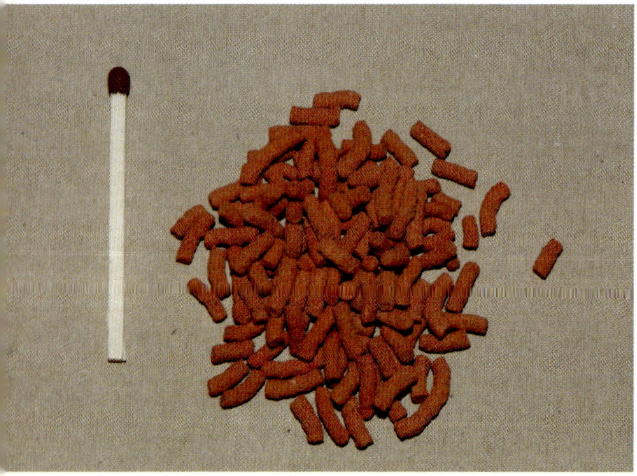

1 **Granulatfutter** lässt sich gut mit Vitaminen oder Medikamenten anreichern, weil es saugfähig ist. Nutzen Sie diese Möglichkeit zur gezielten Behandlung, vor allem bei Mangelerscheinungen.

2 **Fische aus Weichwassergebieten** – wie diese Vaillants Schokoladenguramis – sind oft anfälliger, weil ihr Immunsystem nicht an hohe Keimbelastungen angepasst ist. Sie brauchen saures oder keimfreies Wasser.

Gesunde Fische, hier ein Störwels, pflanzen sich auch im Aquarium fort.

einige Infektionskrankheiten, wie z. B. Ichthyo (→ Seite 67), deren Keime das gesamte Aquarium besiedeln. Daher muss in vielen Fällen das Aquarium bzw. der ganze Wasserkreislauf inklusive Filter, der dann weiterlaufen muss, behandelt werden. Dadurch kann natürlich auch – je nach Medikament – die biologische Filterwirkung, die ja durch Bakterien bewirkt wird, beeinträchtigt werden. In einem solchen Fall ist es wichtig, täglich zu messen, ob sich gehäuft organische schädliche Stoffwechselprodukte wie Nitrit oder Ammoniak anhäufen.
Um die Ansammlung von organischen Schadstoffen zu verhindern, füttern Sie in der Zeit der Therapie nicht oder wenig.
Wechseln Sie bei Ansteigen der schädlichen Wasserwerte so lange einen maßvollen Teil des Wassers im Aquarium, bis der schädliche Effekt der Medikamente nicht mehr auf das Filtermedium nachweisbar ist.
Wenn die Behandlung nach Anweisung abgeschlossen ist, filtern Sie Restbestandteile der Medikamente mit Aktivkohle aus dem Aquarienwasser.
Falls eine separate Behandlung in einem Aquarium oder Eimer für kurze Zeiträume nötig wird, beobachten Sie die Fische kontinuierlich, um bei Nebenwirkungen die Behandlung schnell unterbrechen zu können.
Nehmen Sie Wasser aus dem Hälterungsbecken und geben Sie es in den Behandlungsbehälter, um dem Fisch auf diese Weise Umstellungsstress zu ersparen.

Fische töten

Für Wirbeltiere, zu denen die Fische ja gehören, ist ein schnelles Durchtrennen der Wirbelsäule mit einem scharfen Messer oder einer Schere direkt hinter dem Kopf tierschutzgerecht. Ebenfalls möglich und auch für das menschliche Gemüt schonender ist es, den Fisch in einen Eimer mit einem Liter Wasser zu setzen, dem sie 5 Tropfen Nelkenöl (Eugenol) aus der Apotheke zugesetzt haben. So wird der Fisch betäubt. Liegt der Fisch auf der Seite, geben Sie weitere 10 bis 20 Tropfen hinzu, bis der Fisch längere Zeit keine Kiemenbewegungen mehr ausführt und auch sonst nicht mehr reagiert. Dann ist der Fisch tot.
Auf keinen Fall dürfen zu tötende Fische eingefroren oder in der Toilette heruntergespült werden.

Fragen rund um Pflege, Ernährung und Gesundheit

? Wie füttere ich meine Fische richtig?

Füttern Sie Ihre Fische am besten mehrmals täglich, dafür aber mit wenig Futter. Probieren Sie mehrere Futtersorten und stimmen Sie die verwendeten Sorten auf den Fischbesatz ab. Achten Sie auf hochwertige Bestandteile (z. B. Spirulina-Algenanteil, Ballaststoffanteil). Geben Sie dabei nur so viel totes Futter ins Aquarium, wie in wenigen Minuten gefressen wird. Um die Qualität des Futters, sowohl bei Trocken- als auch bei Gefrierfutter, zu gewährleisten, auf das Verfallsdatum achten. Trockenfutterdosen nach dem Füttern wieder verschließen und im Kühlschrank aufbewahren. Einmal aufgetautes Gefrierfutter nicht mehr einfrieren und maximal einen Tag abgedeckt im Kühlschrank aufbewahren. Falls Sie einen Futterautomaten verwenden, diesen nur für wenige Tage bestücken, da Trockenfutter in jedem (!) Automaten in der Qualität nachlässt.

? Soll ich vorsichtshalber ein Breitband-Therapeutikum ins Aquarium geben, wenn ich nicht sicher bin, ob meine Fische krank sind und welche Krankheit sie haben?

Nein. Der Einsatz von Breitbandmitteln sollte nur dann erwogen werden, wenn ungenaue Krankheitssymptome andauern, Ihnen auch kein auf Fischkrankheiten spezialisierter Tierarzt weiterhelfen konnte und mögliche Pflegefehler ausgeschaltet wurden. Führen Sie die Behandlung wenn möglich in einem gesonderten Becken durch, um gesunde Fische, Pflanzen und Filterbakterien nicht unnötig zu belasten.

? Soll ich eher Wasserpflegemittel verwenden oder besser einen Teilwasserwechsel im Aquarium vornehmen?

Über Futter und die daraus entstehenden Exkremente werden organische Stoffe in das Aquarienwasser eingebracht, die nicht von alleine wieder verschwinden. Wasserpflegemittel entfernen diese Stoffe nicht aus dem Aquarium, sondern binden sie im Wasser und machen sie dadurch bis zu einem gewissen Grad weniger schädlich. Um das Wasser jedoch langfristig schadstofffrei zu halten, müssen die schädlichen Stoffe aus dem Wasser entfernt werden. Wasserpflegemittel helfen zwar, die Intervalle der Teilwasserwechsel herauszuzögern, oder sind ein bewährtes Mittel für den Notfall, eignen sich aber nicht, den Teilwasserwechsel völlig zu ersetzen. Beim regelmäßigen Wasserwechsel in kleinen Aquarien (bis 54 l) stellen Sie eine bereits gefüllte 10 l Gießkanne, einen größeren Trichter, den 2,5 m langen Schlauch und einen leeren 10 l Eimer in die Nähe des Aquariums. Beim wöchentlichen Wasserwechsel brauchen Sie nur 10 l Wasser mit dem Schlauch über die Futterluke in den Eimer zu lassen. Anschließend die 10 l aus der Gieß-

kanne über den Trichter in das Becken füllen, den Eimer entleeren und sofort die Gießkanne mit frischem Wasser füllen – fertig.

? Wie verhindere ich, dass neue Fische Krankheiten in das Aquarium einschleppen?

Auch gesund aussehende Fische können Krankheitserreger in das Aquarium einschleppen, entweder weil die Krankheit bei ihnen noch nicht ausgebrochen ist oder weil sie gegen die Erreger sogar immun sind. Um sicherzugehen, dass sie keine schädlichen Erreger einschleppen, können Sie ein Quarantane-Becken einrichten. Solch ein Becken besteht lediglich aus einem kleinen Glasaquarium (z. B. 50 x 35 x 30 cm), einem eingefahrenen Filter (er sollte schon ca. einen Monat gelaufen sein), einem Heizer und, je nach Fischart, geeigneten Verstecken (z. B. Javamoos, Tontopfscherben, Wurzel für Harnischwelse). In dieses Quarantäne-Aquarium setzen Sie dann Ihre neuen Fische. Erst wenn diese nach 1 bis 2 Wochen keine Krankheitssymptome zeigen, geben Sie sie in das eigentliche Aquarium. Alternativ dazu können Sie natürlich auch versuchen, Fische aus einer sicheren »Quelle« zu beziehen, die Sie über Wochen beobachten, z. B. in einem Zoofachgeschäft, das in der Nähe Ihres Wohnortes liegt, oder bei einem Züchter. Bleiben die Fische dort über mehrere Wochen gesund und wurden in der Zwischenzeit keine neuen Fische dazugesetzt, kaufen Sie wahrscheinlich gesunde Fische. Komplett ausschließen kann man eine Infektion dennoch nie.

? Können sich Fische überfressen?

Ja, Fische können sich tatsächlich überfressen, und das sogar mit Futter, das ihnen überhaupt nicht bekommt. In der Natur herrscht ja eher ein Nahrungsmangel. Deshalb sind die meisten Fische darauf eingestellt, jede Möglichkeit zur Futteraufnahme wahrzunehmen. Im Aquarium dagegen kann ein Nahrungsüberfluss herrschen – nur »wissen« das die Fische nicht. Sie fressen auch bei einem Überangebot, bis sie nicht mehr können. Auf Dauer macht eine Überfütterung die Fische krank, weil sie verfetten und träge werden. Füttern Sie daher eher sparsam.

? Vor kurzem fiel meinem kleinen Sohn die gesamte Futterdose ins Wasser. Was passiert eigentlich, wenn zu viel Futter im Wasser landet?

Hier hilft nur ein radikaler Wasserwechsel von etwa drei Viertel des Beckeninhalts. Saugen Sie vorher alles Futter sofort mit einem Schlauch ab. Sicherheitshalber sollte man nach dem Wasserwechsel noch zusätzliche Wasserpflegemittel aus dem Zoofachhandel ins Aquarienwasser geben.

Aquarien und Biotope im Porträt

Mit einem naturnahen Aquarium holen Sie sich ein Stück echte Natur ins Haus. Sie können erleben, wie Fische, Pflanzen und andere Aquarienbewohner eine wunderbare Gemeinschaft bilden.

Naturnahe Aquarien gestalten

Die Gestaltung eines naturnahen Aquariums setzt voraus, dass Sie sich bei der Einrichtung und Auswahl der zukünftigen Bewohner an einem bestimmten Lebensraum orientieren. Solch ein Aquarium gibt optimale Einblicke in das Zusammenspiel der Natur.

IN DIESEM KAPITEL stelle ich Ihnen 10 verschiedene Beckentypen mit jeweils vier Besatzvorschlägen für meist verschieden große Aquarien vor.

Erläuterungen zu den Biotop-Aquarien

Die Besatzvorschläge und allgemeinen Beckenbeschreibungen orientieren sich einerseits an der geografischen Herkunft der Fische, andererseits an ihrem Lebensraum. Jedes dieser Unterkapitel ist auf zwei Doppelseiten aufgeteilt: Auf der ersten Doppelseite beschreibe ich den Beckentyp, also z. B. »Das kleine Südamerika-Becken«, und gebe Hin weise zum nachempfundenen Lebensraum, zur Aquarieneinrichtung und zu den Haltungsbedingungen. Die Besatzvorschläge für das jeweilige Becken bestimmter Abmessungen (Länge x Breite x Höhe in cm) schließen diese einleitende Doppelseite ab.

An ein Biotop angelehnte Aquarien

Bei den nach geografischen Herkunftsgebieten ausgerichteten Becken handelt es sich nicht um echte Biotopbecken, sondern nur um eine Anlehnung an die natürlichen Lebensraumverhältnisse.

Ein vollständiges Biotop zu simulieren ist in einem Aquarium nicht machbar und auch nicht wünschenswert, weil man z. B. nicht Räuber und Beute zusammen in einem begrenzten Aquarium pflegen kann. Oft sind die natürlichen Lebensräume unserer Pfleglinge auch nicht unbedingt ästhetisch besonders ansprechend, z. B. sind viele Gewässer sehr trübe, der Bodengrund ist monoton und besteht oft aus Schlamm. Dennoch macht es Spaß, sich bei der Auswahl der Fische und gegebenenfalls auch Pflanzen an einem bestimmten Lebensraumtyp zu orientieren. Auf diese Weise können Sie sich

Dieses Zwergbuntbarsch-Männchen imponiert mit natürlichen Farben und Verhaltensweisen, weil es naturnahe Bedingungen im Aquarium vorgefunden hat.

mit der natürlichen Artenzusammensetzung eines Lebensraums vertraut machen. Ich beschreibe Ihnen daher in jedem Unterkapitel kurz den natürlichen Lebensraumtyp, bevor ich auf konkrete Hinweise zu Technik, Einrichtung, Bepflanzung und Pflege komme.

Besatzvorschläge: Die Besatzvorschläge sind auf die beschriebenen Fischarten dieses Ratgebers beschränkt und geben Ihnen einen Einblick in eine gute Vergesellschaftung von Aquarienfischen. Falls die Besatzvorschläge auf das Geschlecht der Fische eingehen, ist die Anzahl der Männchen zuerst und die der Weibchen an zweiter Stelle hinter dem Querstrich angegeben. Das bedeutet beispielsweise bei der Angabe 1/2, 1 Männchen und 2 Weibchen für diesen Besatzvorschlag. Es kommen nicht immer alle für einen Besatzvorschlag genannten Fischarten tatsächlich im gleichen Gewässer zusammen vor. Dennoch sind sie so ausgewählt, dass sie von ihrer Ökologie und ihrer großräumlichen geografischen Herkunft her im gleichen Gewässer vorkommen könnten und dort unterschiedliche »ökologische Nischen« einnehmen.
Oft finden Sie auch eine Algen fressende Fischart in der Vergesellschaftungsliste, die geografisch nicht zu diesem Lebensraumtyp gehört. Algenfresser sind jedoch sehr nützlich, denn sie halten das Aquarium algenarm.

Naturnahe Aquarien bieten einen **artgerechten** Lebensraum für die Aquarienbewohner.

Mittelamerikanischer Zebrabuntbarsch, Cryptoheros nigrofasciatus.

Bepflanzung: Auch bei den Vorschlägen für die Bepflanzung kann es zu geografischen Ungereimtheiten kommen, weil in diesem Buch bewusst nur eine kleine, sehr pflegeleichte Auswahl von Aquarienpflanzen favorisiert wurde. Natürlich können Sie jederzeit mit Hilfe von artenspezifischer Fachliteratur meine Vorschläge abändern.

Fischarten, die ins Aquarium passen

Nach der Beschreibung des natürlichen Lebensraums, z. B. eines großen Südostasien-Beckens, stelle ich Ihnen auf der folgenden Doppelseite 12 verschiedene Fischarten vor, die mit den Besatzvorschlägen korrespondieren.
Zu diesen 12 Fischarten habe ich Ihnen in der ersten Zeile einen gebräuchlichen deutschen Namen (wenn verfügbar) angegeben.
In der zweiten Zeile folgt der oft lange und umständliche lateinische Name, der vorne aus dem Gattungsnamen und hinten aus dem Artnamen besteht.
Diese lateinischen Bezeichnungen sind die internationalen Referenzbezeichnungen, und auch in Liebhaberkreisen wird der lateinische Name oft häufiger verwendet als der deutsche Name.

Der Rotrückenskalar ist eine natürlich vorkommende Variante des Skalars.

Außerdem gebe ich Ihnen an dieser Stelle die Maximalgröße der jeweiligen Fischart an.
In der dritten Zeile finden Sie Hinweise für die Wasserbedingungen, die die jeweilige Fischart braucht. Die dort angegebenen »Wassertypen« ergeben sich aus der Karbonathärte (°dKH) und dem Säuregehalt (pH-Wert) des Wassers. Über Bedeutung, Messung und Anpassung der Wasserwerte informiert Sie Kapitel 3 »Lebenselement Wasser«, ab Seite 36.
Die 7 Wassertypen sind:
Wassertyp 1: pH 4,5–6,5; °dKH 0–3
Wassertyp 2: pH 5,5–6,8; °dKH 3–8
Wassertyp 3: pH 6,8–7,5; °dKH 3–8
Wassertyp 4: pH 6,8–7,5; °dKH 8–16
Wassertyp 5: pH 7,2–8,5; °dKH >12
Wassertyp 6: pH 8,0–9,5; °dKH 0–3
Wassertyp 7: pH 8,0–9,5; °dKH > 12, zusätzlich mit 2 bis 3 Teelöffeln Meersalz pro 10 l Wasser angereichert (→ »Das Brackwasser-Becken«, Seite 112).
Bei der Angabe der Wassertypen handelt es sich um Erfahrungswerte, die eine gute Pflege gewährleisten.
In der vierten Zeile erfahren Sie einen Richtwert für die Mindestbeckengröße für die Pflege ausgewachsener Fische der jeweiligen Art.
Hinweis: Nicht ausgewachsene Tiere benötigen in der Regel weniger Platz. Dennoch müssen Sie beim Kauf der Jungtiere die erreichbare Endgröße bedenken. Fische, die ihre Endgröße im Aquarium nicht erreichen, werden meist nicht artgerecht gepflegt. Das gilt auch, obwohl in der Aquaristik immer wieder behauptet wird, die Endgröße passe sich dem Becken an. Das stimmt zwar manchmal, ist aber in der Regel das Ergebnis von schlechten Pflegebedingungen!

Frösche, Garnelen, Krebse und Schnecken

In einem kleinen Extra-Kapitel, ab Seite 116, erfahren Sie etwas über die Pflege von Zwergkrallenfröschen, Garnelen, Krebsen, Krabben und Schnecken. Sie werden inzwischen immer häufiger in Aquarien gepflegt. Kein Wunder, denn diese oft farbenprächtigen und skurrilen Lebewesen faszinieren viele Aquarianer. Die einzelnen Arten sind zum Teil ideale Pfleglinge, die sich auch in Gesellschaftsaquarien zusammen mit Fischen pflegen lassen, wenn man einige Regeln berücksichtigt.

Das kleine Südamerika-Becken

Wenn Sie sich für diesen Lebensraumtyp entscheiden, ahmen Sie einen ruhigen Gewässerabschnitt eines klaren, größeren Regenwaldflüsschens nach. Hier können Sie bunte Gruppen- oder Schwarmfische mit urigen Harnischwelsen vergesellschaften.

AUS SÜDAMERIKA kommen die meisten und viele der beliebtesten Aquarienfische. Eine große Anzahl stammt aus Urwald- oder Savannenbächen und kleinen Flüssen, die nährstoffarmes Wasser mit leicht bis sehr stark saurem Wasser aufweisen. Diese Fließgewässer haben – zumindest in der Trockenzeit – kristallklares Wasser, in dem auch reicher Unterwasserpflanzenwuchs wuchern kann. Obwohl klar, ist das Wasser vielfach colafarben dunkel gefärbt (Schwarzwasser). Die schillernden Leuchtfarben vieler Waldbachbewohner, z. B. der Neons, kommen im Halbdunkel der Urwaldbäche gut zur Geltung.

Beckentyp: Pflanzenreicher Tropenbach

Der Reiz eines kleineren Südamerika-Beckens liegt in der Möglichkeit, bunte Gruppen- oder Schwarmfische (meist aus der Verwandtschaft der Salmler) mit niedlich wirkenden Panzerwelsen und »urigen« Harnischwelsen in einem schön bepflanzten Becken kombinieren zu können. In etwas größeren Becken lassen sich noch ein oder zwei Paare Zwergbuntbarsche dazu kombinieren.

Allgemeine Pflegehinweise: Feinkiesiger, für die Panzerwelse an manchen Stellen sandiger, eher dunkler Bodengrund mit einer oder mehreren kleinen Wurzeln und dichter Randbepflanzung, aber auch freiem Schwimmraum. Patronen-Innenfilter oder Topf-Außenfilter, Heizer, 2 Leuchtstoffröhren auf Beckenlänge, 1 Oxydator, 6 cm feinkörniger

INFO

Salmler

Die etwa 1500 Salmler-Arten (*Characiformes*) sind in verschiedene Fischfamilien aufgeteilt, wovon die meisten in Südamerika und ein kleinerer Teil in Afrika vorkommen. Zu den Salmlern gehören unter anderem die in der Aquaristik beliebten Familien Beilbauchsalmler, Afrikanische Salmler, Keulensalmler, Salmler und Sägesalmler und die Schlanksalmler. Die meisten Salmler betreiben keine Brutpflege und sind ausgesprochene Gruppenfische. Auch die berühmten Neonfische gehören zu den Salmlern. Sie machen den Löwenanteil der im Handel verkauften Tiere aus.

Sehr hübsch anzuschauen: Das frisch eingerichtete und besetzte kleine Südamerika-Becken.

Kies mit Depotdünger. Bei der Fütterung mit abwechslungsreichem Trocken- und Gefrierfutter darauf achten, dass die Harnisch- und Panzerwelse nicht zu kurz kommen. Die quirligen Schwarmfische sind oft schneller bei der Futteraufnahme und schnappen den Welsen die besten Happen weg. Daher ist es sehr sinnvoll, wenn Sie diese Fische nach dem Abschalten der Beleuchtung beispielsweise mit Futtertabletten noch einmal füttern.

Bepflanzung: 1 bis 3 Wurzeln, Schwarze Schwertpflanze, Zwergschwertpflanze, Javamoos, Kriechende Ludwigie, Brasilianischer Wassernabel.

Besatzvorschlag 1 (60 x 30 x 35 cm):

- 12 klein bleibende Salmler (Neons, Glühlichtsalmler) oder Guppys
- 5 Ohrgitter-Harnischwelse
- 5 Panzerwelse

Besatzvorschlag 2 (60 x 30 x 35 cm):

- 1 Paar Zwergbuntbarsche oder 6 Schmucksalmler
- 5 Ohrgitter-Harnischwelse
- 6 Ziersalmler oder Beilbäuche

Besatzvorschlag 3 (100 x 40 x 40 cm)

- 1 Paar Blaue Antennenwelse
- 25 klein bleibende Salmler (Neons, Glühlichtsalmler) oder Guppys
- 6 Beilbäuche
- 6 Schmucksalmler
- 6 Panzerwelse

Besatzvorschlag 4 (100 x 40 x 40 cm)

- 10 Ohrgitter-Harnischwelse
- 2 Paare Zwergbuntbarsche
- 12 Ziersalmler und 12 Beilbäuche

Ein Schwarzwasserbach mit extremen Wasserwerten (Wassertyp 1).

Fische im Porträt

Die Besatzvorschläge mit diesen Fischarten finden Sie auf Seite 77.

1 Neonfisch
Paracheirodon innesi; 4 cm
Wassertyp: 1–5; 20–24 °C
Mindestbeckengröße: 50 l

2 Roter Neon
Paracheirodon axelrodi; 4 cm
Wassertyp: 2–5; 25–28 °C
Mindestbeckengröße: 50 l

3 Schwarzer Neon
Hyphessobrycon herbertaxelrodi; 4 cm
Wassertyp: 2–4; 24–28 °C
Mindestbeckengröße: 50 l

4 Schmucksalmler
Hyphessobrycon rosaceus; 4,5 cm
Wassertyp: 2–5; 23–27 °C
Mindestbeckengröße: 50 l

5 Marmorbeilbauch
Carnegiella strigata; 4 cm
Wassertyp: 1–4; 26–30 °C
Mindestbeckengröße: 50 l

6 Guppy
Poecilia reticulata; 6 cm
Wassertyp: 2–5; 24–30 °C
Mindestbeckengröße: 50 l

7 Leopard-Panzerwels
Corydoras trilineatus; 6 cm
Wassertyp: 2–5; 25–28 °C
Mindestbeckengröße: 50 l

8 Panda-Panzerwels
Corydoras panda; 5 cm
Wassertyp: 2–6; 23–26 °C
Mindestbeckengröße: 50 l

9 Ohrgitter-Harnischwels
Macrotocinclus hoppei; 4 cm
Wassertyp: 2–6; 22–27 °C
Mindestbeckengröße: 50 l

10 Blauer Antennenwels
Ancistrus sp.; 14 cm
Wassertyp: 2–6; 24–29 °C
Mindestbeckengröße: 100 l

11 Schmetterlingsbuntbarsch
Mikrogeophagus ramirezi; 5 cm
Wassertyp: 1–3: 26–30 °C
Mindestbeckengröße: 50 l

12 Gelber Zwergbuntbarsch
Apistogramma borellii; 7 cm
Wassertyp: 2–4; 22–24 °C
Mindestbeckengröße: 50 l

Beliebte Arten für kleine Südamerika-Becken

Das große Südamerika-Becken

Der Reiz dieses Aquariums liegt darin, dass Sie hier ein schummriges Urwaldambiente entstehen lassen können. Die Fischgesellschaft setzt sich aus größeren Welsen, farbenprächtigen Buntbarschen und Salmlern zusammen.

DIE GRÖSSEREN URWALDFLÜSSE Südamerikas beherbergen viele Aquarienfische. Ein für die Aquaristik wichtiges Merkmal dieser Gewässer sind die vielen im Wasser liegenden Urwaldbäume und deren verrottende Reste, die Heimat und Schutz für eine Vielzahl skurriler Welse und prächtiger Buntbarsche darstellen. Einerseits bieten die verzweigten und mit natürlichen Höhlen versehenen Hölzer Schutz vor allem für brutpflegende Welse, andererseits dient das verrottende Holz als Nahrung für Kleinstlebewesen, die ihrerseits wiederum den Fischen Futter spenden. Einige Harnischwelse raspeln das schwer verdauliche Holz sogar als Ballaststoff für ihre Verdauung ab und würden auch im Aquarium ohne Holznachschub verkümmern.

Beckentyp: Fluss oder größerer Bach mit Totholz

Bei richtiger Auswahl können Sie ruhige größere Welse und prächtige Buntbarsche mit schwimmfreudigen Salmlern kombinieren. Die Bepflanzung kann sich auf wenige Arten, die nicht anspruchsvoll an die Beleuchtung sind, beschränken. Viele große Wurzeln werden am besten so im Becken arrangiert, dass sie wie natürlicherweise angeschwemmtes Totholz oder wie unterspülte Wurzeln von noch lebenden Bäumen am Uferrand aussehen.

Allgemeine Pflegehinweise: Leistungsfähiger Topf-Außenfilter, Heizer, 2 Leuchtstoffröhren auf Beckenlänge, 6 cm feinkörniger Kies oder grobkörni-

INFO

Welse

Welse sind mit über 2000 Arten eine artenreiche Fischordnung, die mit vielen Familien auf allen Kontinenten vertreten ist. Aquaristisch besonders bedeutsam sind die südamerikanischen Harnischwelse und die Schwielenwelse, deren beliebteste Vertreter die Panzerwelse sind. Aus Afrika sind vor allem die Fiederbartwelse beliebt. Vielfach werden Welse im Aquarium als Müllschlucker betrachtet, eine Haltung, die Pflegefehler fast automatisch bedingt. Besonders die verschiedenen Harnischwels-Arten haben oft ganz unterschiedliche Ansprüche, die nicht immer leicht zu befriedigen sind.

Ein prächtig eingewachsenes großes Südamerika-Becken, in dem die Kirschflecksalmler dominieren.

ger Sand mit Depotdünger an manchen Stellen (für die Schwertpflanzen). Die Beleuchtung kann aus 1 oder 2 Leuchtstoffröhren pro Beckenlänge bestehen oder aber aus – je nach Beckenlänge – 1 bis 3 HQI-Strahlern (70 W).

Bepflanzung: 5 bis 10 große Wurzeln mit schlanken »Ästen«, Schwertpflanzen (*Echinodorus*), Javamoos und Brasilianischer Wassernabel.

Besatzvorschlag 1 (100 x50 x 60 cm)

- 6 Skalare
- 15 Blehers Rotmaulsalmler
- 1 Paar Blaue Antennenwelse
- 6 Flaggenschwanz-Panzerwelse

Besatzvorschlag 2 (100 x 50 x 60 cm)

- 1/2 Gabelschwanz-Schachbrettcichliden oder andere südamerikanische Zwergbuntbarsche (*Apistogramma, Laetacara*)
- 10 Brillantsalmler, Kirschflecksalmler oder Kaisersalmler
- 10 Ohrgitter-Harnischwelse

Besatzvorschlag 3 (150 x 50 x 60 cm)

- 8 Hohe Skalare oder Diskus
- 10 Platinbeilbäuche
- 1 Paar Störwelse
- 6 Flaggenschwanz-Schwielenwelse
- 10 Ohrgitter-Harnischwelse

Besatzvorschlag 4 (150 x 50 x 60 cm)

- 1 Paar Flaggenbuntbarsche
- 1 Paar Blaue Antennenwelse
- 10 Keulensalmler
- 10 Brillantsalmler oder Kirschflecksalmler
- 10 Panzerwelse

Beliebte Arten für große Südamerika-Becken

Fische im Porträt

Die Besatzvorschläge mit diesen Fischarten finden Sie auf Seite 81.

❶ Blehers Rotkopfsalmler
Hemigrammus bleheri; 4,5 cm
Wassertyp: 1–3; 22–26 °C
Mindestbeckengröße: 150 l

❷ Brillantsalmler
Moenkhausia pittieri; 6 cm
Wassertyp: 2–4; 24–28 °C
Mindestbeckengröße: 250 l

❸ Kirschflecksalmler
Hyphessobrycon erythrostigma; 8 cm
Wassertyp: 2–4; 24–28 °C
Mindestbeckengröße: 250 l

❹ Platinbeilbauch
Thoracocharax securis; 9 cm
Wassertyp 2–4; 25–30 °C
Mindestbeckengröße: 350 l

❺ Keulensalmler
Hemiodopsis gracilis; 18 cm
Wassertyp: 2–4; 24–28 °C
Mindestbeckengröße: 700 l

❻ Flaggenschwanz-Panzerwels
Corydoras robineae; 7cm
Wassertyp: 2–4; 24–28 °C
Mindestbeckengröße: 100 l

❼ Flaggenschwanz-Schwielenwels
Dianema urostriata; 10 cm
Wassertyp: 2–5; 25–28 °C
Mindestbeckengröße: 250 l

❽ Flaggenbuntbarsch
Mesonauta insignis; 20 cm
Wassertyp 2–5; 24–30 °C
Mindestbeckengröße: 300 l

Totholz am Uferrand bietet vielen Fischen Schutz und Welsen sogar Nahrung.

❾ Hoher Skalar
Pterophyllum altum; 15 bis 33 cm hoch
Wassertyp: 1–2; 27–30 °C
Mindestbeckengröße: 500 l; Beckenhöhe ab 70 cm

❿ Skalar
Pterophyllum scalare; 15 bis 26 cm hoch
Wassertyp: 2–4; 25–29 °C
Mindestbeckengröße: 250 l; Beckenhöhe ab 60 cm

⓫ Diskus
Symphysodon aequifasciatus; 18 cm
Wassertyp: 2; 26–30 °C
Mindestbeckengröße: 250 l

⓬ Gabelschwanz-Schachbrettcichlide
Dicrossus filamentosus; 9 cm
Wassertyp: 1–2; 27–30 °C
Mindestbeckengröße: 150 l

Das Westafrika-Becken

Fische, die in den Bächen und Flüssen Westafrikas zu Hause sind, gehören zu den farbenprächtigsten Aquarienfischen überhaupt. Gestalten Sie solch ein Westafrika-Becken, holen Sie sich »Urwaldflair« pur in die Wohnung.

WESTAFRIKANISCHE BÄCHE und Flüsse, aus denen die meisten Aquarienfische dieser Region stammen, fließen meist durch Regenwaldgebiete. Die afrikanischen Regenwaldbäche unterscheiden sich in ihrer Wasserchemie kaum von denen anderer Regenwaldgebiete. Die dort lebenden Fische gehören aber oft zu ganz anderen Gruppen als z. B. in Südamerika, denn dort dominieren Killifische, Barben und Zwergbuntbarsche aus anderen Verwandtschaftsgruppen. Die Regenwaldbäche sind meist kühle, flache und schattige Bäche mit Sandboden und Totholz. Wasserpflanzen sind rar, Struktur entsteht eher durch Falllaub und Wurzeln. Nicht aus Regenwaldbächen stammen dagegen die beliebten und oft skurrilen Fische der Stromschnellen des unteren Kongo (beispielsweise die Buckelkopfbuntbarsche) – eines durch Felsen und reißendes Wasser gekennzeichneten Flussabschnittes (ansatzweise in Besatzvorschlag 3 und 4).

Verschiedene Beckentypen

Besatzvorschlag 1 bezieht sich auf einen winzigen Regenwaldbach, in dem fast nur die bunten Killis vorkommen. Diese werden am besten unter sich gepflegt, sind aber so farbenfroh und oft auch lebendig, dass sich ein dunkel gehaltenes Kleinbecken mit diesen Urwaldjuwelen auf alle Fälle lohnt. Die Vergesellschaftung von Killis mit anderen Fischen gestaltet sich oft schwierig, weil Killis kühler gehalten werden sollten. Ein Killibecken hat den Charakter eines schummrigen Urwaldbaches. Die anderen Besatzvorschläge entsprechen in ihrem Typ dem »kleinen bzw. großen Südamerika-Becken«. Sie werden dominiert von Wurzeln und Pflanzen, die

INFO

Killifische

Unter Killifischen versteht man die fast weltweit verbreiteten Eierlegenden Zahnkarpfen aus verschiedenen Fischfamilien. In diesem Buch sind sie mit den afrikanischen Prachtkärpflingen und Leuchtaugenfischen vertreten. Die Prachtkärpflinge gehören zu den farbenprächtigsten Süßwasserfischen überhaupt. Viele Prachtkärpflinge pflanzen sich auf eine besondere Weise fort. Sie sind in der Lage, Dauereier zu produzieren, die sie im feuchten Bodengrund deponieren können. Trocknet das Gewässer aus, sterben die Eltern, und beim ersten Regen schlüpft aus den Eiern die nächste Generation.

Kongosalmler in einem mit Zwergspeerblatt besonders schön arrangierten Becken.

aber durchaus gut beleuchtet sein können und eher dem Typ eines »sonnigen Klarwasserbachs« entsprechen (→ Seiten 76 und 80).

Allgemeine Pflegehinweise: »Das kleine Südamerika-Becken«, → Seite 76, und »Das große Südamerika-Becken« → Seite 80 – je nach Beckengröße. Bei Besatzvorschlag 1 das Becken so gestalten, dass die Prachtkärpflinge ruhige, dunkle Gewässerzonen vorfinden, die Leuchtaugenfische dagegen eine leichte Strömung.

Bepflanzung: Javafarn, Javamoos, Schwimmender Hornfarn.

Besatzvorschlag 1 (60 x 30 x 35 cm)

- 4/6 Prachtkärpflinge
- 6 Rotrücken-Leuchtaugenfische

Besatzvorschlag 2 (100 x 40 x 40 cm)

- 1 Paar Prachtbuntbarsche
- 6 Rückenschwimmende Kongowelse
- 12 Leuchtaugenfische
- 8 Ohrgitter-Harnischwelse

Besatzvorschlag 3 (100 x 40 x 40 cm)

- 1 Paar Buckelkopfbuntbarsche
- 1/3 Zwergmaulbrüter
- 1 Paar Blaue Antennenwelse
- 8 Blaue Kongosalmler oder Großschuppensalmler

Besatzvorschlag 4 (150 x 50 x 50 cm)

- 1 Paar Buckelkopfbuntbarsche
- 1 Paar Purpurprachtbuntbarsche
- 1 Paar blaue Antennenwelse
- 20 Langflossen-, Kongo- oder Rotaugensalmler
- 12 Rückenschwimmende Kongowelse

In diesem klaren Urwaldbach leben unter anderem Purpurprachtbuntbarsche.

Fische im Porträt

Die Besatzvorschläge mit diesen Fischarten finden Sie auf Seite 85.

❶ Afrikanischer Rotaugensalmler
Arnoldichthys spilopterus; 8 cm
Wassertyp: 2–4; 24–28 °C
Mindestbeckengröße: 250 l

❷ Langflossensalmler
Brycinus longipinnis; 13 cm
Wassertyp 2–5; 24–29 °C
Mindestbeckengröße: 400 l

❸ Blauer Kongosalmler
Phenacogrammus interruptus; 9 cm
Wassertyp: 2–4; 23–27 °C
Mindestbeckengröße: 300 l

❹ Gardners Prachtkärpfling
Fundulopanchax gardneri; 7 cm
Wassertyp: 2–4; 23–27 °C
Mindestbeckengröße: 50 l

❺ Gestreifter Prachtkärpfling
Aphyosemion striatum; 5 cm
Wassertyp: 2–5; 21–23 °C
Mindestbeckengröße: 50 l

❻ Rotrücken-Leuchtaugenfisch
Procatopus nototaenia; 5 cm
Wassertyp: 2–5; 22–25 °C
Mindestbeckengröße: 150 l

❼ Rückenschwimmender Kongowels
Synodontis nigriventris; 8 cm
Wassertyp: 2–5; 24–28 °C
Mindestbeckengröße: 150 l

❽ Genetzter Prachtbuntbarsch
Pelvicachromis taeniatus; 8 cm
Wassertyp: 2–4; 24–27 °C
Mindestbeckengröße: 50 l

❾ Purpurprachtbuntbarsch
Pelvicachromis pulcher; 10 cm
Wassertyp: 2–5; 25–28 °C
Mindestbeckengröße: 100 l

❿ Kongo-Zwergmaulbrüter
Pseudocrenilabrus nicholsi; 8 cm
Wassertyp 2–5; 24–27 °C
Mindestbeckengröße: 100 l

⓫ Afrikanischer Schmetterlingsbuntbarsch
Anomalochromis thomasi; 8 cm
Wassertyp: 2–4; 24–28 °C
Mindestbeckengröße: 100 l

⓬ Buckelkopf-Buntbarsch
Steatocranus casuarius; 14 cm
Wassertyp: 3–6; 24–28 °C
Mindestbeckengröße: 150 l

Beliebte Arten für Westafrika-Becken

Das kleine Südostasien-Becken

Was soll es sein? Ein kleiner Mittelgebirgsbach oder lieber ein verkrautetes Sumpfgewässer? Aus diesen beiden Lebensräumen stammen die hier beschriebenen Fische und Pflanzen. Die Entscheidung liegt ganz bei Ihnen.

DIE TYPISCHEN LEBENSRÄUME asiatischer Kleinfischarten sind entweder kleine Urwaldbäche oder aber Sumpfgewässer mit starkem krautigem Pflanzenwuchs. Während die Waldbäche, mit Fischen aus den hier angegebenen Besatzvorschlägen, oft sandigen Boden mit Kieselsteinen und teilweise Mittelgebirgsbergbachcharakter haben, handelt es sich bei den verkrauteten Sumpfgewässern um stehende oder nur leicht fließende Gewässer, in denen eine große Menge kleiner Fische leben. Auch die beliebten Kampffische stammen aus sumpfigen Gewässern. Sie leben sogar in überfluteten Reisfeldern.

Verschiedene Beckentypen

Der Beckentyp für Besatzvorschlag 1 stellt die Imitation eines kleinen Mittelgebirgsbaches dar: feinkiesiger, nicht unbedingt dunkler Bodengrund, Kieselsteine und eine starke Beleuchtung. Die Strömung kann durchaus in manchen Beckenbereichen mit einer Kreiselpumpe etwas kräftiger eingestellt sein. Als Pflanzen kommen vor allem Cryptocorynen in Frage. Der Beckentyp für die anderen Besatzvorschläge entspricht dem krautigen Sumpflebensraum. Starker Pflanzenwuchs wird durch eine gute Beleuchtung und durch einen nährstoffreichen sandig-kiesigen Bodengrund gefördert.
Kleine schlanke Wurzeln schaffen Versteckplätze für die Schmerlen, Schwimmpflanzen sorgen für den Halt der Schaumnester der Labyrinthfische. Die Strömung ist schwach.

INFO

Labyrinthfische

Zu den Labyrinthfischen gehören über 100 Arten, die in Afrika und Asien verbreitet sind. Fast alle Arten zeichnen sich durch ein zusätzliches Atemorgan (»Labyrinth«) aus, mit dem sie atmosphärische Luft atmen können. Daher können sie auch in sumpfigem Wasser mit geringem Sauerstoffgehalt überleben. Die meisten sind zumindest während der Brutpflege territorial. Dann bauen die Männchen vieler Arten, z. B. die der Fadenfische, der Knurrenden Guramis und auch der hier gezeigten Kampffische, ein Schaumnest aus umspeichelten Luftblasen an einer ruhigen Stelle der Wasseroberfläche.

Im kleinen Südostasienbecken tummeln sich lebhafte Barben, Bärblinge und Labyrinthfische.

Allgemeine Pflegehinweise: In den »Krautbecken« (Besatzvorschlag 2–4) stärkere Wasserbewegung gegebenenfalls durch Drosselung des Filterauslaufs vermeiden. Bei Beckentyp 1 dagegen gute Strömung durch Motor-Innenfilter (Abschalten bei der Fütterung); Beleuchtung mit 2 Leuchstoffröhren. Abwechslungsreiche Fütterung mit feinem Trocken- und Gefrierfutter (z. B. Cyclops). Bei Algenproblemen Ohrgitterharnischwelse dazusetzen. **Bepflanzung:** Schraubenvallisnerie, Wendts Wasserkelch, Becketts Wasserkelch, Javafarn, Javamoos, Kleines Fettblatt, Kriechende Ludwigie, Schwimmender Hornfarn, Teichlebermoos.

Besatzvorschlag 1 (60 x 30 x 35 cm)

- 1/3 Weißkehlgrundel
- 8 Eilandbarben
- 10 Zebrabärblinge

Besatzvorschlag 2 (60 x 30 x 35 cm)

- 2/2 Knurrende Zwergguramis
- 15 Große Leuchtaugenbärblinge
- 6 Dornaugen

Besatzvorschlag 3 (60 x 30 x 35 cm)

- 1/1 Kampffische
- 8 Keilfleckbärblinge
- 6 Schachbrettschmerlen

Besatzvorschlag 4 (80 x 35 x 40 cm)

- 1/1 Zwergfadenfische
- 15 Keilfleckbärblinge
- 12 Große Leuchtaugenbärblinge
- 8 Schachbrettschmerlen

Beliebte Arten für kleine Südostasien-Becken

Fische im Porträt

Die Besatzvorschläge mit diesen Fischarten finden Sie auf Seite 89.

❶ Keilfleckbärbling
Trigonostigma heteromorpha; 4,5 cm
Wassertyp: 2–5; 23–28 °C
Mindestbeckengröße: 50 l

❷ Großer Leuchtaugenbärbling, 6 cm
Rasbora dorsiocellata; 6 cm
Wassertyp: 2–5; 23–28 °C
Mindestbeckengröße: 50 l

❸ Kardinalfisch
Tanichthys albonubes; 4 cm
Wassertyp: 2–6; 18–22 °C
Mindestbeckengröße: 50 l

❹ Zebrabärbling
Danio rerio; 5 cm
Wassertyp: 2–6; 23–27 °C
Mindestbeckengröße: 50 l

❺ Eilandbarbe
Puntius oligolepis; 5 cm
Wassertyp: 2–6; 23–27 °C
Mindestbeckengröße: 50 l

❻ Dornauge
Pangio kuhlii; 8 cm
Wassertyp: 2–5; 24–30 °C
Mindestbeckengröße: 50 l

❼ Schachbrettschmerle
Yasuhikotakia sidthimunki; 6 cm
Wassertyp: 2–6; 26–29 °C
Mindestbeckengröße: 50 l

❽ Zwergfadenfisch
Colisa lalia; 6 cm
Wassertyp: 2–6; 24–28 °C
Mindestbeckengröße: 50 l

Steinige Bäche sind der typische Lebensraum für viele Schmerlen und Bärblinge.

❾ Honiggurami
Colisa chuna; 5 cm
Wassertyp: 2–6; 22–28 °C
Mindestbeckengröße: 50 l

❿ Siamesischer Kampffisch
Betta splendens; 6 cm
Wassertyp: 2–6; 24–28 °C
Mindestbeckengröße: 50 l

⓫ Knurrender Zwerggurami
Trichopsis pumila; 4 cm
Wassertyp: 2–6; 23–27 °C
Mindestbeckengröße: 50 l

⓬ Weißkehlgrundel
Rhinogobius cf. wui; 5 cm
Wassertyp: 4–6; 18–24 °C
Mindestbeckengröße: 50 l

Das große Südostasien-Becken

Bei diesem Aquarium soll ein größeres Fließgewässer mit »Wäldern« aus Cryptocorynen, freien Bodenflächen und verkrauteten Ecken entstehen. Hier fühlen sich beispielsweise Barben, Bärblinge und Stachelaale wohl.

DIE LEBENSRÄUME vieler größerer asiatischer Aquarienfische können größere, dicht mit Cryptocorynen bewachsene Bäche und kleine Flüsse mit klarem Wasser sein oder größere Flüsse mit breiten Schwemmlandzonen, die durch Regenwald oder offene Savannenlandschaften führen. Wie in Südamerika oder Afrika lebt eine Gruppe beliebter Schwarmfische (hier sind es vor allem die Barben und Bärblinge) im freien Wasser in Bodennähe, während Welse, Schmerlen und Stachelaale Unterschlupf im reich strukturierten Pflanzengewirr oder im Boden verhakten Wurzeln finden. Labyrinthfische und Hechtlinge bevorzugen die verkrauteten Uferbereiche, die kaum Strömung aufweisen.

Beckentyp

Je nach Beckengröße lässt sich der oben geschilderte Charakter des asiatischen größeren Fließgewässers gut imitieren. Die Möglichkeit, Cryptocorynenwälder mit freien Bodenflächen und krautigen Beckenecken für die Ruhigwasserfische zu kombinieren, bietet eine Besonderheit, die durch die sehr lebendigen Barben und Bärblinge im gut beleuchteten Becken einen einmaligen Charakter aufweist. Stachelaale und Barben brauchen zum Teil weichen Bodengrund zum Eingraben und Gründeln. Rüsselbarben raspeln gern Algen von Wurzelhölzern, die in der Strömung liegen.

Allgemeine Pflegehinweise: »Das große Südamerika-Becken«, → Seite 80.
Bei der Bepflanzung sollte mit Crypto-

INFO

Karpfenfische

Etwa 2000 Arten der Karpfenfische (*Cyprinidae*) sind vor allem in Nordamerika, Eurasien und Afrika verbreitet. Schon rein äußerlich unterscheiden sich die verschiedenen Karpfenfisch-Gruppen beträchtlich. Barben und Bärblinge entsprechen eher dem »Normaltyp« der Fische, die meist bodenbewohnenden Schmerlen, z. B. die Dornaugen, können schlangenähnlich gestreckt sein. Die meisten Karpfenfischverwandten betreiben keine Brutpflege, sondern legen ihre Eier frei ins Wasser, an Wasserpflanzen oder in den Kies. Wie die Welse haben sie oft empfindliche Barteln am Maul.

Nur in sehr großen Aquarien entfalten die wunderschönen Haibarben ihre arttypische Schönheit.

corynen nicht gespart werden. Feinkiesiger Bodengrund, an manchen Stellen mit Sand. Starke Filterung mit großvolumigen Topf-Außenfiltern. 2 Leuchtstoffröhren auf Beckenlänge ausreichend für Cryptocorynen (für große Becken besser 3). Fütterung mit allen gängigen Futtersorten; darauf achten, dass die Stachelaale genug Futter bekommen, ggf. mit Gefrierfutter nach Abschalten der Beleuchtung füttern.
Bepflanzung: Wendts Wasserkelch, Becketts Wasserkelch, verschiedene großwüchsige Wasserkelche (je nach Beckengröße), Javafarn, Javamoos, Kleines Fettblatt, Indischer Wasserfreund.

Besatzvorschlag 1 (120 x 50 x 50 cm)

- 1/1 Blaue Fadenfische
- 12 Purpurkopfbarben
- 5 Siamesische Rüsselbarben
- 6 Augenfleck-Stachelaale

Besatzvorschlag 2 (120 x 50 x 50 cm)

- 12 Odessabarben
- 20 Zebrabärblinge
- 5 Siamesische Rüsselbarben
- 6 Streifenhechtlinge

Besatzvorschlag 3 (120 x 50 x 50 cm)

- 1/1 Mosaikfadenfische
- 5 Siamesische Rüsselbarben
- 10 Rotstrichbarben
- 6 Stachelaale

Besatzvorschlag 4 (250 x 60 x 60 cm)

- 8 Prachtschmerlen
- 1 Feuerschwanz
- 12 Haibarben
- 15 Malabarbärblinge

Laub und Totholz des umliegenden Regenwalds prägen die Struktur des Lebensraums.

Fische im Porträt

Die Besatzvorschläge mit diesen Fischarten finden Sie auf Seite 93.

❶ Malabarbärbling
Devario aequipinnatus; 10 cm
Wassertyp: 2–6; 24–27 °C
Mindestbeckengröße: 250 l

❷ Rotstrichbarbe
Puntius denisonii; 16 cm
Wassertyp: 3–5; 23–27 °C
Mindestbeckengröße: 400 l
(→ auch Foto, Klappe vorne)

❸ Siamesische Rüsselbarbe
Crossocheilus oblongus; 15 cm
Wassertyp: 2–5; 24–28 °C
Mindestbeckengröße: 300 l

❹ Feuerschwanz
Epalzeorhynchus bicolor; 15 cm
Wassertyp: 2–6; 23–28 °C
Mindestbeckengröße: 300 l

❺ Odessabarbe
Puntius sp. »Odessa«; 7 cm
Wassertyp: 2–6; 22–25 °C
Mindestbeckengröße: 150 l

❻ Prachtschmerle
Chromobotia macracanthus; 25 cm
Wassertyp: 1–5; 25–30 °C
Mindestbeckengröße: 750 l

❼ Haibarbe
Balantiocheilos melanopterus; 35 cm
Wassertyp: 2–5; 24–28 °C
Mindestbeckengröße: 900 l

❽ Purpurkopfbarbe
Puntius nigrofasciatus; 7 cm
Wassertyp: 2–5; 21–24 °C
Mindestbeckengröße: 150 l

❾ Streifenhechtling
Aplocheilus lineatus; 12 cm
Wassertyp: 2–6; 24–29 °C
Mindestbeckengröße: 100 l

❿ Blauer Fadenfisch
Trichogaster trichopterus; 12 cm
Wassertyp: 2–6; 22–27 °C
Mindestbeckengröße: 150 l

⓫ Mosaikfadenfisch
Trichogaster leerii; 12 cm
Wassertyp: 2–4; 25–29 °C
Mindestbeckengröße: 150 l

⓬ Augenfleck-Stachelaal
Macrognathus siamensis; 30 cm
Wassertyp: 2–5; 23–27 °C
Mindestbeckengröße: 300 l

Beliebte Arten für große Südostasien-Becken

1

2

3

4

5

6

7

8

9

10

11

12

Das Neuguinea- bzw. Australien-Becken

Ein Hauch von Australien und Neuguinea holen Sie sich mit diesem Aquarium ins Haus: sonnendurchflutet, kristallklares, leicht fließendes Wasser, viele Pflanzen und ausreichend freier Schwimmraum für die bunte Fischgesellschaft.

SO WIE ES VIELE BEUTELTIERE nur in Australien und auf Neuguinea gibt, ist auch die Wasserwelt dieser Region durch viele Besonderheiten gekennzeichnet. Bäche, Flüsse, Sümpfe und Seen unterscheiden sich in ihrem Charakter nicht wesentlich von denen anderer Regionen, aber die darin lebenden Tiere und auch Pflanzen. Regenbogenfische gibt es nur in dieser Region, die vor allem die klaren Fließgewässer oder Seen besiedeln. Ihre brillanten Farben – die übrigens erst die erwachsenen Tiere zeigen – kommen in der Morgensonne am Rand sonnendurchfluteter Wasserpflanzendickichte am besten zur Geltung. Im Gegensatz zu westafrikanischen oder südamerikanischen Gewässern sind australische Gewässer oft weniger nährstoffarm und weniger sauer. Deshalb können die meisten australischen Fische oft in Leitungswasser gehalten werden und sind nicht sehr anspruchsvoll an die chemischen Wasserwerte.

Beckentyp: Regenbogenfisch-Becken

Der Beckentyp ist ganz auf die Bedürfnisse der Regenbogenfische und ihrer Verwandten zugeschnitten. Die meisten Arten lieben sonnendurchflutete Becken mit kristallklarem Wasser und reichem Pflanzenwuchs, vor allem aber viel freiem Schwimmraum. Eine leichte Strömung mit sich im Wasser wiegenden Pflanzen vervollständigt das Bild zusammen mit filigranen Wurzeln. Die größte Pracht entfalten diese Becken,

INFO

Ährenfischverwandte

Regenbogenfische, Halbschnäbler und Blauaugen gehören in diese Fischgruppe. Deren meisten anderen Angehörigen leben im Meer. Das ist wohl der Grund, dass die Süßwasserarten eher »salzhaltiges« Wasser, d.h. hartes, alkalisches Wasser, bevorzugen und nicht in saurem, weichem Wasser gepflegt werden sollten (es gibt aber Ausnahmen). Alle Arten betreiben keine Brutpflege, sondern legen Eier mit Haftfäden an verschiedenen Untergründen ab. Die Halbschnäbler dagegen sind meist lebendgebärend. Vor allem Regenbogenfische und Blauaugen sind gesellige Fische.

Dieses Becken bietet alle Voraussetzungen für die Entfaltung der noch jungen Regenbogenfische.

wenn sie direktes Sonnenlicht am Morgen erhalten. Dann erglühen die balzenden Regenbogenfischmännchen regelrecht. Der Bodengrund sollte feinkiesig sein und ein paar kleine röhrenartige Verstecke für die ruhigen Grundeln aufweisen, die die einzigen Fische sind, die etwas freien Bodengrund brauchen (Beckenvorschlag 1).

Allgemeine Pflegehinweise: Gute Beleuchtung mit 2 (kleine Becken) bis 3 (große Becken) Leuchtstoffröhren sorgen für intensiven Pflanzenwuchs. Ansonsten wie »Das kleine Südamerika-Becken«, → Seite 76.

Bepflanzung: Schraubenvallisnerie, Flutendes Pfeilkraut, Wendts Wasserkelch, Becketts Wasserkelch, Javafarn, Javamoos, Guadeloupe-Nixkraut.

Besatzvorschlag 1 (60x30x35 cm)

- 1/2 Pastell- oder Wüstengrundeln
- 10 Gepunktete Blauaugen
- 6 Ohrgitter-Harnischwelse

Besatzvorschlag 2 (80x35x40 cm)

- 3/5 Filigran-Regenbogenfische
- 8 Ohrgitter-Harnischwelse

Besatzvorschlag 3 (100x40x40 cm)

- 8 Sonnenstrahl-Ährenfische oder 8 Gabelschwanz-Blauaugen
- 8 klein bleibende *Melanotaenia*
- 1/1 Blaue Antennenwelse

Besatzvorschlag 4 (160x60x60 cm)

- 10 größere *Melanotaenia*
- 10 *Chilatherina*
- 10 *Glossolepis* oder
- 6 Siamesische Rüsselbarben

Beliebte Arten für
Neuguinea- bzw. Australien-Becken

Fische im Porträt

Die Besatzvorschläge mit diesen Fischarten finden Sie auf Seite 97.

❶ Tami-Regenbogenfisch
Glossolepis pseudoincisus; 9 cm
Wassertyp: 4–6; 23–26 °C
Mindestbeckengröße: 150 l

❷ Blehers Regenbogenfisch
Chilatherina bleheri; 14 cm
Wassertyp: 4–6; 25–28 °C
Mindestbeckengröße: 350 l

❸ Diamant-Zwergregenbogenfisch
Melanotaenia praecox; 6 cm
Wassertyp: 2–5; 23–27 °C
Mindestbeckengröße: 100 l

❹ Boesemans Regenbogenfisch
Melanotaenia boesemani; 14 cm
Wassertyp: 4–6; 25–28 °C
Mindestbeckengröße: 300 l

❺ Prachtregenbogenfisch
Melanotaenia trifasciata; 15 cm
Wassertyp: 4–6; 24–28 °C
Mindestbeckengröße: 600 l

❻ Filigran-Regenbogenfisch
Iriatherina werneri; 5 cm
Wassertyp: 2–5; 25–30 °C
Mindestbeckengröße: 100 Liter

❼ Gabelschwanz-Blauauge
Popondichthys furcatus; 6 cm
Wassertyp: 3–5; 24–27 °C
Mindestbeckengröße: 50 l

❽ Gepunktetes Blauauge
Pseudomugil gertrudae; 4 cm
Wassertyp: 2–5; 25–28 °C
Mindestbeckengröße: 50 l

Ein herrliches Regenbogenfisch-Biotop mit vielen Wasserpflanzen in Australien.

❾ Sonnenstrahlen-Ährenfisch
Marosatherina ladigesi; 7 cm
Wassertyp: 4–6; 25–28 °C
Mindestbeckengröße: 150 l

❿ Sulawesi-Halbschnäbler
Nomorhamphus liemi; 9 cm
Wassertyp: 3–5; 20–24 °C
Mindestbeckengröße: 150 l

⓫ Pastellgrundel
Tateurndina ocellicauda; 5 cm
Wassertyp: 2–5; 26–29 °C
Mindestbeckengröße: 50 l

⓬ Australische Wüstengrundel
Chlamydogobius eremius; 6 cm
Wassertyp: 4–6; 12–26 °C
Mindestbeckengröße: 50 l

Das Mittelamerika-Becken

Sind Sie ein Liebhaber von großen Aquarien? Dann empfehle ich Ihnen ein Mittelamerika-Becken mit leichter Strömung, kristallklarem Wasser und ausladenden Wurzeln als Rückzugsmöglichkeiten für die ruhigeren Fischarten.

MITTELAMERIKANISCHE BÄCHE und Flüsse haben ein grünlich-klares oder milchiges Wasser, das auf ihren meist starken Kalkgehalt zurückgeht. Ob sie durch karstige und sonnige Lebensräume oder durch Urwälder führen, ihr türkisfarbenes Wasser auf steinigem Grund gibt mittelamerikanischen Gewässern eine besondere Note. Die meisten dieser Gewässer sind stärker fließend und weisen einen reichhaltigen Algenwuchs auf, der die Nahrungsgrundlage für die Fische dieser Region, die Lebendgebärenden Zahnkarpfen, bildet. Diese ziehen in Gruppen umher, weiden meist vom Aufwuchs, und die andauernd balzenden Männchen fallen durch plakati ve Farben und hektische Bewegungen auf. Unglaublich bunte Cichliden besetzen Reviere zwischen Steinen oder Wurzelholz im Flachwasser.

Beckentyp: Mittelamerikanischer Türkisbach

Leichte Strömung und klares Wasser verleihen einem Mittelamerika-Becken seine Austrahlungskraft, die allerdings nur in größeren Becken zur Geltung kommt. Die oft metallisch bunten Farben der mittelamerikanischen Buntbarsche und Lebendgebärenden wirken am besten unter einer sehr starken Beleuchtung (z. B. HQI-Lampen), in den Beckenrandbereichen sollten allerdings dunklere Zonen vorhanden sein. Hier können die zurückhaltenden Arten, z. B. *Thorichthys*, im Schutz von ausladenen Wurzeln Rückzugsmöglichkeiten finden und

INFO

Zahnkarpfen

Guppy, Platy und Schwertträger – außer dem Roten Neon – gehören zu den Poeciliden oder Lebendgebärenden Zahnkarpfen. In gut bepflanzten Aquarien gebären sie zahlreiche Jungfische: Nach der inneren Befruchtung durch die ewig aufdringlichen Männchen setzen die Weibchen nach einigen Wochen fertig ausgebildete lebende Junge ab, die sofort Trockenfutter fressen. Obwohl die Eltern den Jungen meist nachstellen, wächst die Schar im Aquarium schnell an. Deshalb nur so viele Jungfische aufziehen, wie Sie auch später unterbringen können.

Ein Pärchen der Feuermaulbuntbarsche bei der Brutpflege im Mittelamerika-Becken.

brüten,während die quirligen Lebendgebärenden das Freiwasser besiedeln. Mittelamerikanische Fische vertragen kein weiches und saures Wasser und sind deshalb ideale »Leitungswasserfische« für hartes deutsches Wasser.
Allgemeine Pflegehinweise: Optimale Wasserqualität und starke Filterung ist die wichtigste Pflegevoraussetzung neben ballaststoffreicher Fütterung mit Grünanteil. Feinkiesieger Bodengrund mit Flusskieseln und gut gewässerten Wurzeln und etwas Laub. *Thorichthys* vertragen keine Mückenlarven!
Bepflanzung: Schraubenvallisnerie, Flutendes Pfeilkraut.

Besatzvorschlag 1 (100 x 40 x 40 cm)

- 10 Ritterkärpflinge
- 10 Schwerträger
- 10 Platys oder Jamaikakärpflinge
- 1/1 Blaue Antennenwelse

Besatzvorschlag 2 (100 x 50 x 50 cm)

- 1/1 *Cryptoheros*-Art
- 2/6 Buckel- oder Leuchtaugenkärpflinge
- 1/1 Blaue Antennenwelse

Besatzvorschlag 3 (120 x 50 x 50 cm)

- 3/3 *Thorichthys*-Art
- 2/6 Buckel- oder Leuchtaugenkärpflinge
- 1/1 Blaue Antennenwelse

Besatzvorschlag 4 (160 x 60 x 60 cm)

- 1/1 Nicaragua-Traumbarsch
- 1/1 *Cryptoheros*-Art
- 15 Schwertträger
- 1/1 Blaue Antennenwelse

Viele mittelamerikanische Bäche und Flüsse haben einen hohen Kalkgehalt.

Fische im Porträt

Die Besatzvorschläge mit diesen Fischarten finden Sie auf Seite 101.

❶ Ritterkärpfling
Xenotoca eiseni; 7 cm
Wassertyp: 4–6; 18–26 °C
Mindestbeckengröße: 50 l

❷ Buckelkärpfling
Limia nigrofasciata; 7 cm
Wassertyp 5–6; 24–27 °C
Mindestbeckengröße: 100 l

❸ Leuchtaugenkärpfling
Priapella intermedia; 7 cm
Wassertyp: 5–6; 25–28 °C
Mindestbeckengröße: 150 l

❹ Schwertträger
Xiphophorus helleri; 12 cm
Wassertyp: 4–6; 22–28 °C
Mindestbeckengröße: 150 l

❺ Platy
Xiphophorus maculatus; 6 cm
Wassertyp: 4–6; 21–25 °C
Mindestbeckengröße: 50 l

❻ Papageienplaty
Xiphophorus variatus var.; 7 cm
Wassertyp: 4–6; 22–25 °C
Mindestbeckengröße: 100 l

❼ Feuermaulbuntbarsch
Thorichthys meeki; 15 cm
Wassertyp: 4–6; 24–27 °C
Mindestbeckengröße: 400 l

❽ Goldbuntbarsch
Thorichthys aureus; 13 cm
Wassertyp: 5–6; 26–29 °C
Mindestbeckengröße: 300 l

❾ Nicaragua-Traumbarsch
Hypsophrys nicaraguense; 25 cm
Wassertyp: 5–6; 24–27 °C
Mindestbeckengröße: 500 l

❿ Gelber von Panama
Cryptoheros nanoluteus; 11 cm
Wassertyp: 5–6; 24–28 °C
Mindestbeckengröße: 150 l

⓫ Sajica-Buntbarsch
Cryptoheros sajica; 11 cm
Wassertyp: 5–6; 24–28 °C
Mindestbeckengröße: 150 l

⓬ Zebrabuntbarsch
Cryptoheros nigrofasciatus; 15 cm
Wassertyp: 5–6; 23–27 °C
Mindestbeckengröße: 250 l

Beliebte Arten für
Mittelamerika-Becken

Das Tanganjika-See-Becken

Gehören Sie zu den Aquarianern, die sich vor allem für die faszinierenden Verhaltensweisen von Fischen interessieren? Dann sind Sie hier richtig. Ein Tanganjika-See-Becken glänzt weniger durch eine besondere Einrichtung als durch seine Fische.

DER TANGANJIKA-SEE ist einer der ältesten Seen der Erde. Fast alle Tier- und Pflanzenarten, die hier vorkommen, leben nur dort, sind also endemisch. Jede Tiefenzone und jeder Substrattyp hat eine eigene Lebensgemeinschaft. Die Buntbarsche des Tanganjika-Sees fallen nicht immer durch besondere Farben, dafür aber durch ausgefallene Verhaltensweisen und besonders elegante Erscheinungsform auf. Die meisten in der Aquaristik beliebten Arten stammen aus der Felsenzone. Es gibt aber auch ausgesprochene Sandbewohner, die in kleinen Becken nicht zusammen mit den meist ruppigeren Felsbewohnern zusammen gehalten werden sollen. Die Buntbarsche des Tanganjika-Sees lassen sich in manchen Fällen gut mit Lebendgebärenden Zahnkarpfen oder Regenbogenfischen vergesellschaften, weil sie ähnliche Ansprüche an die Wasserqualität stellen.

Verschiedene Beckentypen

In einem großen Tanganjika-Becken lassen sich verträgliche Vertreter aus verschiedenen Lebensräumen (Sand-, Fels- und Freiwasserzone) zusammen pflegen, wenn jede Art genügend Platz für »ihren« Lebensraum bekommt. In kleineren Becken sollte man nur einen dieser Lebensräume nachahmen. Dementsprechend handelt es sich bei Beckentyp 1 um ein reines Sandbecken mit einer 6 cm dicken Schicht Sand und leeren Weinbergschneckenhäusern für Schneckenbuntbarsche, die nur dort brüten. Randbereiche und Freiwasser

INFO

Tanganjika-Buntbarsche

Die Buntbarsche des Tanganjika-Sees zeichnen sich durch ein breites Spektrum an Verhaltensweisen aus. Hier gibt es Maulbrüter und Substratbrüter und Arten, bei den entweder nur die Mutter oder beide Elternteile die Eier und Jungfische behüten. Es gibt Arten, die in Schlammröhren, leeren Schneckenhäusern oder Felslöchern brüten, und solche, die die Aufzucht ihrer größeren Jungen brutpflegenden Großwelsen überlassen. Kuckuckswelse erschleichen sich die Mundhöhle maulbrütender Buntbarschweibchen, indem sie diesen bei der Eiablage ihre eigenen Eier unterschieben.

können bei Bedarf mit Vallisnerien und Platys (aus Mittelamerika) besiedelt werden. Beckenvorschlag 2 ist ein Sandbecken mit einem kleinen Felsaufbau, in dem die Schlankcichliden leben können. Beckenvorschlag 3 ist ein Sandbecken mit großer Freiwasserzone und etwa einem Drittel des Beckens als Kieselsteinzone, in denen die Tanganjika-Clowns leben. Beckenvorschlag 4 ist ein Großbecken mit dominierender Sandzone und einer großen Felsecke mit vertikalen Felsritzen, in denen die Nanderbuntbarsche leben und brüten und sich die Fiederbartwelse zurückziehen.
Allgemeine Pflegehinweise: Regelmäßiger umfangreicher Wasserwechsel, Fütterung mit gefrorenen Kleinkrebsen (Cyclops) und spirulinahaltigem hochwertigem Trockenfutter.
Bepflanzung: Schraubenvallisnerie, Flutendes Pfeilkraut.

▲ *Diese Tanganjika-Großbecken ist mit den groß werdenden* Cyphotilapia *besetzt.*

Besatzvorschlag 1 (60 x 30 x 35 cm)
- 1/1 Schneckenbuntbarsche; 6 Platys

Besatzvorschlag 2 (100 x 40 x 40 cm)
- 1/1 Schlankcichliden
- 1/1 Schneckenbuntbarsche
- 10 Platys oder Regenbogenfische

Besatzvorschlag 3 (120 x 50 x 50 cm)
- 1/1 *Xenotilapia papilio*
- 1/1 Tanganjika-Clowns
- 2/5 Kärpflingscichliden

Besatzvorschlag 4 (250 x 60 x 60 cm)
- 2/6 Große Fadenmaulbrüter
- 6 Kuckuckswelse
- 1/1 Perlhuhn-Nanderbuntbarsche
- 1/1 Gestreckte Zitronencichliden

Beliebte Arten für Tanganjika-See-Becken

Fische im Porträt

Die Besatzvorschläge mit diesen Fischarten finden Sie auf Seite 105.

❶ Gestreckter Zitronencichlide
Neolamprologus longior; 10 cm
Wassertyp: 5–6; 25–27 °C
Mindestbeckengröße: 150 l

❷ Gestreifter Schneckenbuntbarsch
Neolamprologus multifasciatus; 5 cm
Wassertyp 5–6; 25–27°C
Mindestbeckengröße: 50 l

❸ Brevis-Schneckencichlide
Neolamprologus brevis; 6 cm
Wassertyp: 5–6; 25–27 °C
Mindestbeckengröße: 50 l

❹ Ocellatus-Schneckencichlide
Lamprologus ocellatus; 6 cm
Wassertyp: 5–6; 25–27 °C
Mindestbeckengröße: 50 l

❺ Gestreifter Schlankcichlide
Julidochromis regani; 15 cm
Wassertyp: 5 6; 25 27 °C
Mindestbeckengröße: 150 l

❻ Perlhuhn-Nanderbuntbarsch
Altolamprologus calvus; 14 cm
Wassertyp: 5–6; 25–27 °C
Mindestbeckengröße: 250 l

❼ Neon-Kärpflingscichlide
Paracyprichromis nigripinnis »Neon«; 11 cm
Wassertyp: 5–6; 25–27 °C
Mindestbeckengröße: 250 l

❽ Zitronenschwanz-Kärpflingscichlide
Cyprichromis leptosoma; 12 cm

▲ *Der Gestreifte Schlankcichlide in seinem natürlichen Lebensraum im Tanganjika-See.*

Wassertyp: 5–6; 25–27 °C
Mindestbeckengröße: 300 l

❾ Großer Fadenmaulbrüter
Cyathopharynx furcifer; 21 cm
Wassertyp: 5–6; 25–27°C
Mindestbeckengröße: 700 l

❿ *Xenotilapia papilio*
Wassertyp: 5–6; 25–27 °C
Größe: 9 cm
Mindestbeckengröße: 250 l

⓫ Tanganjika-Clown
Eretmodus cyanostictus; 10 cm
Wassertyp: 5–6; 25–27 °C
Mindestbeckengröße: 150 l

⓬ Kuckuckswels
Synodontis multipunctatus; 12 cm
Wassertyp: 5–6; 25–27 °C
Mindestbeckengröße: 600 l

Das Malawi-See-Becken

Geprägt durch Felsaufbauten und eine dünne Bodengrundschicht: Das ist der Charakter eines Malawi-See-Aquariums. Hier kommen die wunderbaren Farben der balzenden Buntbarschmännchen besonders schön zur Geltung.

ÄHNLICH WIE DER Tanganjika-See ist auch der Malawi-See in seiner Artenzusammensetzung einzigartig. Hier leben in Felsen, Sand- und Freiwasserzonen nur maulbrütende Buntbarsche aus der so genannten »*Haplochromis*-Verwandtschaft«. Fast alle dort lebenden Arten sind endemisch. Die Felsenzone wird von vergleichsweise ruppigen »Mbuna-Cichliden« (= Felsenbuntbarsche) mit intensiven Farben bewohnt. Die Sand- und Freiwasserzone dagegen wird hauptsächlich von so genannten »Utaka-Cichliden« besiedelt, die eher durch metallische Farben und ein ruhigeres Temperament auffallen. Die auffälligen Farben haben den Malawi-Buntbarschen zu Recht den Titel »Korallenfische des Süßwassers« eingebracht. Tatsächlich bestechen die hohe Fischdichte und die grellen Farben sogar Nicht-Aquarianer. »Malawis« zählen zu den beliebtesten Aquarienfischen.

Verschiedene Beckentypen

Malawi-Becken sollten strikt nach dem unterschiedlichen Besatz mit Fels- oder Sandcichliden gestaltet werden, weil die ruppigen Mbuna die Sand- und Freiwasserarten zu stark dominieren. Mbuna-Becken weisen große Felsaufbauten auf, die bis unter die Wasseroberfläche geschichtet werden können und möglichst so gestaltet sein sollten, dass viele Durchschwimmmöglichkeiten entstehen. Die Felsaufbauten keinesfalls direkt auf die Bodenscheibe oder den Bodengrund schichten, sondern zunächst Styropor unterlegen (Glasbruchgefahr). Natürlich dürfen die Aufbauten auch nicht einstürzen. Der Bodengrund kann dünn ausfallen und darf erst nach den Steinaufbauten eingebracht werden. Mbuna-Becken sollten

INFO

Malawi-Buntbarsche

Wenn die Buntbarsche des Tanganjika-Sees die Meister der Brutpflege sind, dann sind die Malawi-See-Cichliden die Farbkönige. Die sagenhaft metallischreflektierenden oder knallig bunten Farben der balzenden Männchen stehen dabei im Kontrast zu den meist unscheinbaren Weibchen. Dies hat auch seinen Grund, denn die Last der Maulbrutpflege tragen die Weibchen. Da möchten sie durch die Wahl des prächtigsten Männchens wenigstens sichergehen, dass sie sich nicht mit Schwächlingen einlassen, denn nur wer stark ist, kann sich auffällig bunte Farben leisten.

Große Malawi-Becken mit Fossorochromis rostratus *(im Vordergrund) sind eine Augenweide.*

stark beleuchtet werden. Sand- und Freiwassercichliden werden in Becken mit 6 cm Sandschicht gepflegt, in die einzelne größere Steine eingelassen werden, die eine Beckenaufteilung für die Reviere der Buntbarsche vorgeben.
Allgemeine Pflegehinweise: Abwechslungsreiche Fütterung mit kleinkrebs (Cyclops)- und spirulinahaltigem Gefrier- und Trockenfutter; regelmäßige und umfangreiche Wasserwechsel sind besonders wichtig. Filterung über großvolumige Außenfilter. Kalt wirkende Beleuchtung erhöht die Brillanz der metallischen Farben.
Bepflanzung: Schraubenvallisnerie, Flutendes Pfeilkraut.

Besatzvorschlag 1 (120 x 40 x 50 cm)

- 20 *Pseudotropheus demasoni*
- 8 *Labidochromis* sp. »yellow«
- 1/1 Blaue Antennenwelse

Besatzvorschlag 2 (160 x 50 x 50 cm)

- 8 Türkisgold- oder Kobaltorange-Buntbarsche
- 8 *Pseudotropheus lombardoi*
- 1/1 Blaue Antennenwelse

Besatzvorschlag 3 (200 x 60 x 50 cm)

- 1/3 Feenbuntbarsche
- 1/3 *Copadichromis* sp. »Kadango Red«
- 1/3 Azurcichliden
- 1/1 Blaue Antennenwelse

Besatzvorschlag 4 (250 x 60 x 60 cm)

- 5/8 *Placidochromis electra*
- 1/3 *Fossorochromis rostratus*
- 10 *Pseudotropheus socolofi*
- 10 Siamesische Rüsselbarben

Der Rote Zebra in seinem natürlichen Lebensraum im Malawi-See.

Fische im Porträt

Die Besatzvorschläge mit diesen Fischarten finden Sie auf Seite 109.

❶ Feenbuntbarsch
Aulonocara jacobfreibergi; 14 cm
Wassertyp: 5–6; 25–27 °C
Mindestbeckengröße: 300 l

❷ »Kadango Red«
Copadichromis borleyi »Kadango Red«; 14 cm
Wassertyp: 5–6; 25–27 °C
Mindestbeckengröße: 600 l

❸ *Fossorochromis rostratus*
Größe: 25 cm
Wassertyp: 5–6; 25–27 °C
Mindestbeckengröße: 1000 l

❹ Azurcichlide
Sciaenochromis fryeri; 20 cm
Wassertyp: 5–6; 25–27 °C
Mindestbeckengröße: 400 l

❺ *Placidochromis electra*
Größe: 16 cm
Wassertyp: 5–6; 25–27 °C
Mindestbeckengröße: 600 l

❻ *Labidochromis* sp. »Yellow«
Größe: 10 cm
Wassertyp: 5–6; 25–27 °C
Mindestbeckengröße: 250 l

❼ Kobaltorange-Buntbarsch
Melanochromis johannii; 12 cm
Wassertyp: 5–6; 25–27 °C
Mindestbeckengröße: 250 l

❽ Türkisgold-Buntbarsch
Melanochromis auratus; 11 cm
Wassertyp: 5–6; 25–27 °C
Mindestbeckengröße: 300 l

❾ *Pseudotropheus lombardoi*
Größe: 15 cm
Wassertyp: 5–6; 25–27 °C
Mindestbeckengröße: 600 l

❿ Roter Zebra
Maylandia estherae; 11 cm
Wassertyp: 5–6; 25–27 °C
Mindestbeckengröße: 300 l

⓫ *Pseudotropheus socolofi*
Größe: 12 cm
Wassertyp: 5–6; 25–27 °C
Mindestbeckengröße: 350 l

⓬ *Pseudotropheus demasoni*
Größe: 8 cm
Wassertyp: 5–6; 25–27 °C
Mindestbeckengröße: 250 l

Beliebte Arten für Malawi-See-Becken

Das Brackwasser-Becken

Einige Fischarten aus den Brackwasser-Regionen spielen auch in der Aquaristik eine gewisse Rolle, wie etwa die Flossenblätter. Leider führen die an salzhaltiges Wasser angepassten Fische oft ein kurzes Leben im Aquarium, weil sie falsch gepflegt werden.

DIE MANGROVENGEBIETE der Meeresküsten liegen vor allem dort, wo Flüsse in das Meer münden. In diesem Mischbereich entsteht Brackwasser (= Mischung aus Süß- und Meerwasser) und eine einzigartige Lebensgemeinschaft, die an einen wechselnden Salzgehalt (von fast reinem Süß- bis zu fast reinem Meerwasser) angepasst ist. Brackwasser-Lebensräume zeichnen sich zudem durch weite Schlamm- und Schlickzonen aus, die nicht nur den possierlichen Schlammspringern, sondern auch vielen Krabben einen faszinierenden Lebensraum bieten. Der Nährstoffreichtum der Brackwasserzonen ist außerdem eine »Kinderstube« für viele Meeresfische. Einige wenige Brackwasser-Fischarten werden häufig für die Aquaristik importiert. Doch leider sterben diese Fische oft schnell, weil sie wie Süßwasserfische gepflegt werden.

Mangrovenbecken

Brackwasser-Becken werden am schönsten als Mangrovenbecken mit Wurzelholz und Sandboden eingerichtet. Ich gebe Ihnen an dieser Stelle verschiedene Besatzvorschläge, die ganz auf die Bedürfnisse der einzelnen Fischarten zugeschnitten sind. So gepflegt, müssen diese Fischarten nicht nur ein kurzes trauriges Randdasein führen. Beckenvorschlag 1 bezieht sich auf Minifische, die in Gesellschaft anderer Fischarten kümmern würden. Jede Goldringelgrundel benötigt ihr eigenes Miniversteck. Beckenvorschlag 2 ist ein Mini-Aqua-Terrarium mit einem kleinen Landteil (Sand hinter einer Wurzel aufgeschichtet) und etwa 10 cm Wasserstand im vorderen Bereich. Viele Wurzeln strukturieren dieses Spezialbecken für Zwergschlammspringer.

INFO

Brackwasserfische

Brackwasserfische gehören zu den verschiedensten Fischgruppen. Während z. B. Lebendgebärende, Eierlegende Zahnkarpfen und Cichliden bis auf wenige Arten eher im Süßwasser vorkommen, stammen viele Brackwasserbewohner aus Artengruppen, die ihren Verbreitungsschwerpunkt im Meer haben. Es gibt aber auch Fischgruppen, deren Verbreitung auf Brackwassergebiete beschränkt ist. Dazu gehören die Argusfische, Kreuzwelse (Minihaie), Flossenblätter und Schlammspringer. Für die Aquarienpflege brauchen alle, zumindest zeitweise, einen gewissen Salzgehalt.

Die selten richtig gepflegten Argusfische und Flossenblätter in einem naturnahen Brackwasser-Großbecken.

Beckenvorschlag 3 imitiert eine stark beleuchtete Brackwasserlagune mit Sandboden, einigen flachen Steinen und Wurzeln. Beckenvorschlag 4 schafft ein Heim für die vielen Brackwasser-Fischarten, die sehr groß werden und lebensnotwenig Brackwasser brauchen. Ihr Becken ist ebenfalls mit Sandboden, viel freiem Schwimmraum und großen Wurzeln eingerichtet. Über dem Wasserteil kann ein Terrarienteil angebracht sein.

Allgemeine Pflegehinweise: Brackwasser-Becken besonders lange »einfahren«, weil sich die Bakterien langsamer entwickeln. Vor allem grünfutterhaltige Nahrung, Grundeln mit lebenden Artemia füttern. Salzgehalt mit Aquarien-Meersalz aus dem Zoofachhandel mit Hilfe eines »Aerometers« auf eine Dichte von 1,002 bis 1,007 einstellen.

Bepflanzung: Keine.

Besatzvorschlag 1 (60 x 30 x 35 cm)

- 25 Goldringelgrundeln oder
- 8 Kleine Grüne Kugelfische

Besatzvorschlag 2 (60 x 30 x 35 cm)

- 2/4 Indische Zwergschlammspringer

Besatzvorschlag 3 (120 x 50 x 50 cm)

- 2/2 Indische Buntbarsche
- 20 Black Mollys oder
- 3/8 Segelkärpflinge oder
- 20 Nackenfleckkärpflinge

Besatzvorschlag 4 (320 x 70 x 50 cm)

- 8 Minihaie
- 8 Flossenblätter
- 8 Schützenfische
- 8 Argusfische

Beliebte Arten für Brackwasser-Becken

Fische im Porträt

Die Besatzvorschläge mit diesen Fischarten finden Sie auf Seite 113

❶ Black Molly
Poecilia sphenops var.; 8–12 cm
Wassertyp: 5–7; 26–29 °C
Mindestbeckengröße: 100 l

❷ Nackenflecklärpflinge
Aplocheilichthys spilauchen: 7 cm
Wassertyp: 7; 25–28 °C
Mindestbeckengröße: 100 l

❸ Segelkärpfling
Poecilia velifera; 15 cm
Wassertyp: 6–7; 25–28 °C
Mindestbeckengröße: 400 l

❹ Minihai
Hexanematichthys seemanni; 45 cm
Wassertyp: 7; 23–27 °C
Mindestbeckengröße: 1500 l

❺ Schützenfisch
Toxotes cf. microlepis; 17 cm
Wassertyp: 5–7; 26–29 °C
Mindestbeckengröße: 1000 l

❻ Silberflossenblatt
Monodactylus argenteus; 25 cm
Wassertyp: 7; 26–29 °C
Mindestbeckengröße: 1400 l

❼ Grüner Argusfisch
Scatophagus argus; 38 cm
Wassertyp: 7; 26–29 °C
Mindestbeckengröße: 1400 l

❽ Indischer Buntbarsch
Etroplus maculatus; 8 cm
Wassertyp: 6–7; 26–29 °C
Mindestbeckengröße: 100 l

Die Mangrovenzone ist der Lebensraum der meisten Brackwasserfische.

❾ Goldringelgrundel
Brachygobius doriae; 3,5 cm
Wassertyp 5–7; 27–30 °C
Mindestbeckengröße: 50 l

❿ Indischer Zwergschlammspringer
Periophthalmus novemradiatus; 5 cm
Wassertyp 7; 23 27 °C
Mindestbeckengröße: 50 l

⓫ Kleiner Grüner Kugelfisch
Tetraodon biocellatus; 6 cm
Wassertyp 7; 6–7 °C
Mindestbeckengröße: 50 l

⓬ Süßwasserflunder
Trinectes maculatus; 20 cm
Wassertyp: 6–7; 6–7 °C
Mindestbeckengröße: 350 l

Frösche, Garnelen, Krebse und Schnecken

Es muss ja nicht immer nur Fisch sein. Auch andere Aquarienbewohner haben ihren großen Reiz. Einige von ihnen lassen sich sogar problemlos mit Fischen vergesellschaften. Vielleicht finden auch Sie gefallen an solch einer bunten Gemeinschaft.

Zwergkrallenfrösche

Die strikt wasserlebenden Frösche der Gattung *Hymenochirus* gehören zum festen Angebot des Zoofachhandels. Sie stammen aus der Uferzone kleinerer Fließgewässer West- und Zentralafrikas. Es handelt sich um vergleichsweise anspruchslose und friedliche Aquarienbewohner, die sich mit allen in der Größe passenden Frost- und Lebendfutterarten zufrieden geben: Mückenlarven, Tubifex, Wasserflöhe, auch kleine Streifen Fischfilet. Die Vergesellschaftung mit kleineren Fischen ist gut möglich, nur muss man darauf achten, dass die Fische den vergleichsweise langsamen Fröschchen nicht das Futter wegfressen. Auch besonders territoriale Fische eignen sich nicht, da die Frösche nicht lernen, Reviergrenzen, z. B. von Buntbarschen, einzuhalten. Sehr gut geeignet sind dagegen Prachtkärpflinge, aber auch Guppys. Krallenfrösche können ausgezeichnet klettern, auch entlang von Aquarienscheiben. Deswegen muss das Aquarium extrem gut abgedeckt sein, sodass keine kleinen Schlupflöcher übrig bleiben. Ein 60-cm-Aquarium mit einem kleinen Motor-Innenfilter, einem dünnen Kiesboden, schummriger Beleuchtung und mäßigem Pflanzenwuchs, z. B. Javamoos und Cryptocorynen, sowie einigen getrockneten Rotbuchenblättern (→ Seite 29) bietet ein schönes Krallenfroschheim.

Garnelen und Krebse

Farbenprächtige und skurrile Krebstiere des Süß- und Brackwassers haben sich in den letzten Jahren zu Rennern in der Aquaristik entwickelt. Viele Arten sind ideale Pfleglinge für ein Artaquarium der besonderen Art. Einige Arten lassen sich aber auch in Gesellschaftsaquarien mit Fischen zusammen pflegen, wenn man einige allgemeine Regeln berücksichtigt: Abwechslungsreiche Fütterung, denn alle Arten brauchen eine Kost aus verschiedenen Lebend- und Frostfuttersorten (Mückenlarven, Cyclops, Artemia-Nauplien), Trocken- und Grünfutter. Mangrovenkrabben lieben gekochten Fisch. Fächerhandgarnelen fangen gerne in der Strömung feines Lebend- und Trockenfutter, nehmen aber auch anderes. Regelmäßig verabreichte trockene Buchenblätter sind wichtig für die Häutung (→ Seite 29). Ausreichende Anzahl von Verstecken (außer für Zwerggarnelen für jedes Tier mindestens ein Ver-

steck, z. B. eine enge Bambusröhre). Nie in frisch eingerichteten Becken pflegen! Die meisten Arten reagieren empfindlicher als Fische auf chemische Belastungen des Wassers, z. B. durch kupferne Wasserleitungen oder durch Fischmedikamente hervorgerufene Belastungen. Genau wie für Fische ist ein regelmäßiger Wasserwechsel und organisch unbelastetes, sauerstoffreiches Aquarienwasser wichtig. Weil sie gut klettern können, müssen die Deckscheiben absolut dicht schließen und bei größeren Arten beschwert sein.
Krebstiere besitzen einen Panzer, der nicht mitwächst, deshalb häuten sie sich ab und zu. Die abgestreifte Haut soll eine Weile im Aquarium bleiben. Die meisten Arten fressen ihr eigenes »Häutungshemd« und recyclen auf diese Art wichtige Nährstoffe. Eine Vergesellschaftung ist je nach Art unterschiedlich möglich.

Diese rotblaue Mangrovenkrabbe benötigt einen Landteil im Brackwasser-Aquarium.

Schnecken

Schnecken können eine Bereicherung der Vielfalt im Aquarium darstellen. Einige Arten haben sich als feste Bestandteile in der Aquaristik eingebürgert, entweder weil sie besonders hübsch anzusehen sind, z.B. die Apfelschnecken (*Pomacea-*, *Asolene-* und *Marisa-*Arten), nicht näher bestimmte Turmdeckelschnecken mit Stacheln oder Noppen oder auch neuerdings die attraktiven Rennschnecken (*Neritina*). Schnecken können aber auch nützliche Funktionen im Aquarium übernehmen. Die grabenden Turmdeckelschnecken z. B. füllen im Bodengrund des Aquariums die gleiche Nische aus wie Regenwürmer im Garten: Sie belüften den Bodengrund und verwerten organische Abfallprodukte. So verhelfen sie zu einem guten Pflanzenwachstum. Andere Arten, z. B. die Posthornschnecken (*Planorbis*, *Planorbarius*, *Planorbella*), die Schlammschnecken (*Lymnaea*-Arten) oder auch die verschiedene Apfelschnecken-Arten weiden den Bodengrund nach liegen gebliebenen Futterresten ab und helfen auf diese Art, faulende Bereiche zu vermeiden. Das kommt der Wasserqualität zugute. In manchen Fällen werden sie aber auch zur Plage, wenn es – meist durch Überfütterung der Fische – zu viele werden. Sie können dann aus ästhetischen Gründen reduziert oder entfernt werden (→ Seite 129). Schnecken vermehren sich entweder lebendgebärend oder, indem sie gallertartige Eiertrauben an Pflanzen oder an der Aquarienscheibe ablegen. Manche Arten sind Zwitter, sodass nur ein Tier ausreicht, um eine neue Population aufzubauen.

Süßwasserhummer aus Neuguinea gibt es in vielen hoch attraktiven Arten.

❶ Zwergkrallenfrosch
Hymenochirus boettgeri; 3,5 cm;
Wassertyp: 2–5; 25–28 °C;
Besatz (60 x 30 x 35 cm): 6 Zwergkrallenfrösche, 4/6 Prachtkärpflinge.

❷ Rote Mangrovenkrabbe
Pseudosesarma moeshi; 5 cm;
Wassertyp: 6–7; 23–25 °C;
Besatz: (60 x 30 x 35 cm): 1/1; kleiner Landteil wichtig, z. B. schwimmende Korkrinde: mind. 10 cm Luft zwischen Wasseroberfläche und Abdeckscheibe.

❸ Neuguinea-Hummer
z. B. Zebrakrebs, *Cherax cf. papuanus*; 12–20 cm; Wassertyp: 3–5, 20–25 °C; Besatz (100 x 40 x 40 cm): 1/1 Zebrakrebse, 1/1 Blaue Antennenwelse, 10 Platys. Kräftige Fütterung (auch Buchenlaub). Gräbt; genügend Verstecke sind sehr wichtig für diese Art!

❹ und ❺ Zwerghummer
Louisiana-Zwergkrebs, *Cambarellus shufeldtii*; 3 cm;
Orangeroter Zwerghummer, *Cambarellus patzcuarensis*; 4 cm;
Wassertyp: 4–6; 16–23 °C; Besatz (60 x 30 x 35 cm): 15 Tiere; kleine Bambushöhlen, Javamoos, Buchenlaub, Mulm; abwechslungsreiche Fütterung.

❻ Blauer Hummer
Procambarus alleni; 10 cm;
Pflege wie Neuguinea-Hummer ❸

❼ und ❽ Fächerhandgarnelen
Afrikanische Riesenfächergarnele, *Atya gabonensis*; 15 cm;
Molluccen-Fächerhandgarnele, *Atyopsis mollucensis;* 10 cm;
Besatz (60 x 30 x 35 cm): Einzeltier; Wassertyp: 3–6, 23–26 °C; strömungsliebend.

❾ und ❿ Kleine Garnelen
Amano-Garnele, *Caridina cf. japonica;* 7 cm; Wassertyp: 4–6, 15–28 °C;
Caridina und *Neocaridina*-Arten: »Crystal Red«-Garnele (Bienengarnele, Grüne Zwerggarnele); 2–4 cm;
Wassertyp: 3–6; 20–25 °C;
Besatz: (60 x 30 x 35 cm). 20 Garnelen mit 10 Ohrgitterharnischwelsen; in mit Javamoos und Javafarn dicht zugewachsenen Becken halten. Granulatfutter, gefrorene Cyclops, Algen, Buchenlaub.

⓫ und ⓬ Zierschnecken
Goldene Apfelschnecke, *Pomacea bridgesi.* Füttern mit Zucchini und Grünkost sowie Trockenfutter; Tiere gezielt füttern, sonst verhungern sie.
Renn- oder Nixenschnecken, *Neritidae* und *Clitho,* lassen sich in härterem Wasser gut halten, aber nicht züchten. Lange Pflegeerfahrungen fehlen bisher.

Beliebte Arten im Porträt

Nachwuchs im Aquarium

Es ist zwar möglich, dass plötzlich eine Schar winziger Jungfische im Gesellschaftsaquarium schwimmt. Doch kann jeder Aquarianer gezielt und mit einfachen Mitteln manche Fische vermehren.

Wie sich Aquarienfische fortpflanzen

Was passiert eigentlich bei der Fortpflanzung der Fische? Was ist, wenn plötzlich Jungfische im Gesellschaftsbecken schwimmen, und wie können Sie mit einfachen Mitteln eine kleine Zahl Jungfische aufziehen? Die Antworten finden Sie in diesem Kapitel.

DIE ETWA 25.000 FISCHARTEN haben sehr unterschiedliche, zum Teil ausgesprochen spektakuläre Möglichkeiten der Fortpflanzung entwickelt. Zur Fortpflanzung gehört nicht nur die Befruchtung und Eiablage, sondern auch das Balzverhalten zur Werbung und Einstimmung der Partner und in vielen Fällen eine aufwändige Brutpflege, die sich über Wochen hinziehen kann. Manche Fischarten gebären sogar lebende Jungfische, die – ähnlich wie bei Säugetieren – vorher im Körper der Weibchen über eine Art Nabelschnur ernährt werden.

Geburtsort: Aquarium

Im Aquarium können Sie das Fortpflanzungsverhalten Ihrer Fische beobachten, weil viele Arten – bei guter Pflege – ihre natürlichen Verhaltensweisen auch in diesem begrenzten Lebensraum zeigen. Einige Arten pflanzen sich sogar ohne unser Zutun im Gesellschaftsbecken fort, bei anderen müssen erst besondere Bedingungen für das Ablaichen, die erfolgreiche Entwicklung der Eier und die Aufzucht der Jungfische geschaffen werden. Die Fortpflanzungszeit der meisten Fische ist an das Kommen und Gehen der tropischen Jahreszeiten – Regenzeit und Trockenzeit – gekoppelt. Im Aquarium balzen die meisten Arten aber das ganze Jahr über.

Balz und Ablaichen

Bei den meisten Fischarten wählen die Geschlechter ihre Fortpflanzungspartner aus. Für diese Auswahl beurteilen sie den potenziellen Partner oft nach Kriterien, die bei der Balz, der »Brautwerbung«, besonders deutlich unterstrichen werden. Meist werben die Männchen mit buntester Färbung und aufwändigem Balzverhalten vor den

Viele Buntbarsche (hier Roter Zebra) sind Maulbrüter. Meistens brüten die Weibchen und entlassen die voll entwickelten Jungen nach mehreren Wochen.

eher unscheinbaren Weibchen. Es gibt aber auch Arten, bei denen hauptsächlich die Weibchen werben. Im Aquarium kann es schon während der Balz zur Ausbildung von Revieren kommen, die vorübergehend oder auch während der anschließenden Brutpflege vehement gegen potenzielle oder echte Feinde und Konkurrenten verteidigt werden. Schon in dieser Phase kommt es auch im Aquarium oft zu einem Konkurrenzverhalten und Problemen.

Bis auf wenige Ausnahmen legen die meisten Fischweibchen ihre Eier nach erfolgreicher Balz direkt in das Freiwasser (Freilaicher) oder auf einer Unterlage ab (Substratlaicher). Anschließend oder gleichzeitig werden die Eier vom Männchen besamt. Nur wenige Arten, wie beispielsweise Platys, Guppys oder Schwertträger, sind lebendgebärend.

Eier und Larven

Aus den Eiern schlüpfen winzige Fischlarven, die noch ganz anders als die erwachsenen Elterntiere aussehen. Statt einzelner Flossen haben sie einen Flossensaum und relativ große Augen und Mäuler. Anfänglich besitzen sie einen Dottersack, von dem sie in den ersten Lebenstagen zehren. Erst wenn der fast ganze Dottersack aufgezehrt ist, sind die Larven der meisten Fische in der Lage, frei im Wasser zu schwimmen und Nahrung aufzunehmen. Von nun an wachsen sie kontinuierlich, wenn sie genügend Futter bekommen. Die Eier und Larven der meisten Arten, die keine

WUSSTEN SIE SCHON, DASS …

… sich manche Fische sehr trickreich fortpflanzen?

Einige beliebte Aquarienfische aus dem Tanganjika-See haben ganz besondere Fortpflanzungsstrategien entwickelt. Beispielsweise mogeln die Kuckuckswelse (*Synodontis multipunctatus*) ihre Eier maulbrütenden Buntbarschen während des Ablaichens unter, um nicht selbst Brutpflege betreiben zu müssen. Dazu paaren sie sich blitzschnell und zeitgleich mit einem ablaichenden Maulbrüterpaar. Das Buntbarschweibchen nimmt dann die ähnlich aussehenden Welseier zusammen mit den eigenen ins Maul und brütet sie dann dort aus. Allerdings schlüpfen die Welskinder eher als die der Buntbarsche, sie fressen die Buntbarscheier im Maul des Buntbarschweibchens statt des eigenen Nachwuchses auf und haben damit das Maul, die schützende »Höhle«, ganz für sich allein. Nach einigen Wochen Brutpflegezeit entlässt das Buntbarschweibchen sogar mehrere voll entwickelte Welsjunge in die Freiheit.

Für Ihren Fisch-Nachwuchs sollten Sie **genügend Platz oder Abnehmer** haben. Sorgen Sie unbedingt rechtzeitig vor.

Brutpflege betreiben, sind wesentlich kleiner und zahlreicher als die der brutpflegenden oder lebendgebärenden Arten. Wegen der entsprechend kleineren Maulspalte glückt die Aufzucht dieser Arten auch nur selten, wenn nicht besonders kleine Nahrung zur Verfügung gestellt wird.
Die Larven der brutpflegenden Arten, z. B. der Cichliden, sind dagegen genau wie die der Lebendgebärenden recht groß und lassen sich im Allgemeinen relativ leicht aufziehen.

Brutpflege

Nicht wenige Aquarienfische zeigen ihr gesamtes Verhaltensrepertoire auch im Aquarium. Zu den faszinierendsten Beobachtungen, die im Aquarium möglich sind, gehört es sicher, die manchmal aufopfernde Brutpflege zu beobachten, die je nach Fischgruppe sehr unterschiedlich ausfallen kann.
Offen- und Höhlenbrüter: Viele Buntbarsche und Grundeln legen ihre Eier auf einem offenen Substrat (Offenbrüter) oder in einer Höhle (Höhlenbrüter) ab. Danach werden sie entweder vom Männchen (Grundeln), den Weibchen (manche Buntbarsche) oder beiden Partnern (viele Buntbarsche) befächelt, gesäubert und bewacht. Buntbarsche kümmern sich später auch noch aufopfernd um die frei schwimmenden Larven und Jungfische.
Maulbrüter: Einige Buntbarsche, Labyrinthfische und andere sind Maulbrüter. Männchen oder Weibchen oder beide brüten die Larven und Jungfische für mehrere Tage oder Wochen im Maul aus. Wenn die Jungen größer sind, werden sie bei manchen Arten zeitweise aus dem Maul entlassen, um zu fressen. Schutz finden die Kleinen dann jedoch wieder im Maul des Elterntieres. Manchen Fischarten füttern ihre Jungen sogar im Maul.
Schaumnest: Vor allem die Männchen mancher Labyrinthfische bauen an der Wasseroberfläche ein Schaumnest. Dort hinein legen sie ihre Eier. Das Schaumnest wird bis zum Schlupf und/oder Freischwimmen der Larven verteidigt. Besonders während der Brutpflege sind die meisten Arten sehr territorial, denn das Überleben der Jungen ist nur gesi-

Der Kuckuckswels schiebt maulbrütenden Buntbarschen die eigenen Eier unter.

▸ 1 **Vor der erfolgreichen** Paarbildung kommt es sehr häufig zu erheblichen Streitereien – wie hier beim maulkämpfenden Paar *Parachromis loisellei*.

▸ 2 **Bei vielen Maulbrütern** im weiblichen Geschlecht (hier *Sciaenochromis*) werden die Eier erst im Maul des Weibchens besamt.

▸ 3 **Die Brutpflege** der »Kleinen« übernehmen bei vielen Arten oft beide Elternteile, die als eingeschworenes Paar die Brut zur Nahrung führen und im Zweifelsfall vehement verteidigen.

chert, wenn sich die Jungen in einer »Sicherheitszone« aufhalten, in der sie ausreichend Nahrung finden, ohne zu stark von Fressfeinden bedroht zu sein. Dieses Brutrevier wird aggressiv gegen alle Aquarieninsassen verteidigt, auch gegen Fische, mit denen die »Hochzeiter« vorher in friedlicher Eintracht gelebt haben. In dieser Phase muss man gegebenenfalls gejagte Fische gesondert unterbringen oder die Brutpfleger zeitweise mit einer Trennscheibe von den anderen Insassen trennen.

Zucht und Aufzucht leicht gemacht

Manchmal stellt sich plötzlich Nachwuchs im Haltungs- oder im Gesellschaftsbecken ein. Bei brutpflegenden Arten, z. B. Buntbarschen, verteidigen die Eltern einen Schwarm winziger Jungfische in ihrem Brutrevier und helfen so bei der Aufzucht im Haltungsbecken. Solche Jungfische sind oft relativ groß und robust, denn sonst hätten sie es im Haltungsbecken gar nicht bis zum Freischwimmen gebracht. Man kann versuchen, sie mit ein paar kleinen Tricks im Becken aufzuziehen.

- Füttern Sie mehrmals täglich Jungfisch-Trockenfutter oder Artemia-Nauplien (→ Seite 127), die sie mit Hilfe z. B. eines Bratensaftspritzers in die Nähe der Jungfische spritzen, damit sich das Jungfischfutter nicht sofort im ganzen Becken verteilt.
- Wechseln Sie häufiger das Wasser, weil die große Futtermenge das Aquarienwasser stärker belastet, etwa zweimal wöchentlich 1/3 des Aquarienwassers.
- Separieren Sie evtl. einige Jungfische in einem so genannten Ablaichkasten, den Sie in das Haltungsbecken einhängen und den Sie mit ein paar schwimmenden Pflanzenstängeln (z. B. Hornkraut) ausgestattet haben. Dazu setzen Sie die Babys mit einem Becher oder feinen Netz so in den Ablaichkasten, dass sie unter Wasser bleiben. Dort können Sie wenige

Jungfische gezielter füttern – allerdings sind solche Ablaichkästen zu klein für eine Aufzucht der Brut über etwa 1,5 cm Körperlänge – die Aufzucht sollte dann in einem Aufzuchtbecken (→ unten) stattfinden.

Hinweis: Ziehen Sie immer nur so viele Jungfische auf, wie nötig sind, um den Bestand im eigenen Aquarium zu sichern, oder für die Sie Abnehmer im Bekanntenkreis finden. Es macht keinen Sinn und grenzt an Tierquälerei eine große Menge Jungfische aufzuziehen, für die man später nicht genügend Platz oder keine Abnehmer hat.

Das Aufzuchtbecken

Zur Aufzucht einer kleinen Anzahl von Larven oder Jungfischen, die man aus dem Haltungsbecken gerettet hat, sollten Sie ein spezielles, leicht zu säuberndes Aufzuchtbecken mit Wasser aus dem Haltungsbecken einrichten.
Für die Aufzucht von etwa 20 Jungfischen bis zu einer Größe von etwa 2 bis 3 cm verwenden Sie am besten ein kleines Ganzglasaquarium (etwa 25 l; 40 x 25 x 25 cm), das mit einem Stabregelheizer (25 W) und einem luftbetriebenen Innenfilter, der schon einige Zeit in einem anderen Becken betrieben wurde (Einfahrphase!), ausgestattet ist. Zudem sollten Sie – je nach Fischart – einige treibende Stängelpflanzen, Javamoos oder kleine Verstecke (Plastikrohrabschnitte, Buchenlaub) dazugeben, denn auch Jungfische sind oft schon territorial und wollen sich voreinander verstecken. Verwenden Sie keinen Bodengrund, damit Sie anfallende Futterreste und Exkremente gut entfernen können. Dies sollten Sie vorsichtig tun, indem Sie mit einem Belüftungsschlauch den Boden absaugen. Apfel- oder Posthornschnecken können das Becken vervollständigen, denn sie fressen Futterreste. Besonders wichtig ist der häufige und regelmäßige Teilwasserwechsel – am besten alle ein bis zwei Tage 1/3 des Aquarienwassers gegen vorbereitetes Wasser austauschen.

◀ *Schmetterlingsbuntbarsche behüten Larven und Jungfische wochenlang.*

Artemia-Nauplien züchten

Artemia-Nauplien, die Larven kleiner Schwimmkrebse, sind, frisch geschlüpft, ein hochwertiges Aufzucht- und Erwachsenenfutter.

Artemia-Dauereier ansetzen: In einer leeren 1-Liter-Weinflasche zunächst jodfreie Kochsalzlösung ansetzen (1 gehäufter Esslöffel Kochsalz auf 1 l Wasser). Jeweils einen halben Teelöffel Artemia-Eier aus dem Zoofachhandel dazugeben. Mit einem Luftschlauch, an den Sie ein ca. 30 cm langes Belüftungsrohr angeschlossen haben, das bis zum Flaschenboden reicht, Aquarienbelüftungspumpe so anschließen, dass die Luft die Eier in Bewegung hält (alternativ: ein Artemia-Aufzuchtset aus dem Zoofachhandel!). Flasche an einen warmen Ort stellen. Nach etwa 36 bis 48 Stunden schlüpfen die Nauplien und können verfüttert werden. Dazu die Luftpumpe abstellen. Die Eischalen treiben nach oben, die rötlichen Nauplien setzen sich unten ab. Sie können mit einem Luftschlauch abgesaugt und über ein spezielles Artemia-Sieb gegossen werden. Kurz in Süßwasser spülen und die rote Masse mit einem Teelöffel direkt in das Aquarium oder den Ablaichkasten geben. Abgedeckt mit wenig Salzwasser, halten sich Artemia-Nauplien einige Stunden im Kühlschrank, sodass bei einer »Ernte« 2 Mahlzeiten herausspringen. Am besten 2 bis 3 Flaschen zeitlich versetzt ansetzen.

MEIN HEIMTIER

Verhaltensweisen der Fische beeinflussen

Mit einem Spiegel oder Foto können Sie im Haltungsbecken bei vielen territorialen und fortpflanzungsaktiven Fischen, z. B. Kampffischen, interessante Verhaltensweisen auslösen – vor allem, wenn es keine Partner oder Konkurrenten im Aquarium gibt.

Der Test beginnt:

Nehmen Sie einen Taschenspiegel und halten sie ihn z. B. einem Kampffisch-Männchen vor. Es wird eine Flossen spannen, den Mundboden senken, seine Farben intensivieren und vor dem vermeintlichen Gegner imponieren. In einem ähnlichen Versuch können Sie mit dem Foto eines Kampffisch-Weibchens Balzhandlungen beim Männchen auslösen. Das vorgehaltene Bild dient als »Attrappe« für das Männchen. Was beobachten Sie?

Mein Testergebnis:

8. Was tun, wenn es Probleme gibt?

Die meisten Probleme, die im Zusammenhang mit dem Hobby Aquaristik entstehen, basieren auf Informationslücken. Aber auch der versierteste Aquarianer kann einmal vor einem Problem stehen.

»Pannenhilfe« für Notfälle

Das Aquarium ist ein kleiner Ausschnitt aus der Natur. Und genau diese Begrenztheit macht den Lebensraum Aquarium natürlich auch anfällig für Störungen. Wie Sie mit den häufigsten Problemen richtig umgehen, erfahren Sie in diesem Kapitel.

EIN AQUARIUM BESTEHT nicht nur aus Wasser mit einer Fischart darin, sondern ist eine komplexe Lebensgemeinschaft, die sich aus dem Zusammenspiel von verschiedenen Fisch- und Pflanzenarten, unterschiedlichen Einrichtungsgegenständen, Wasserwerten und Futtermitteln ergibt. Das Funktionieren dieses Zusammenspiels ist zwar durch die Bereitstellung der richtigen Rahmenbedingungen weitgehend steuerbar, aber nicht immer zu hundert Prozent. Haltungsprobleme können auch die Profis haben, z. B. wenn das eine Aquarium »gut dasteht«, das andere aber, mit ähnlichen Rahmenbedingungen, »einfach nicht funktionieren will«. Viele Problemsituationen sind jedoch durch eine sorgfältige Überprüfung der artspezifischen Pflegeansprüche lösbar.

Schneckenplage

Situation: Kleine Schnecken vermehren sich übermäßig, sodass sie in großer Zahl überall im Aquarium kleben.
Mögliche Ursachen: Sie haben über Wasserpflanzen oder Lebendfutter Schneckeneier (als gallertartige Masse mit dunklen Punkten manchmal an der Aquarienscheibe sichtbar) ins Aquarium eingeschleppt. Diese haben sich stark vermehrt, weil sie besonders günstige Bedingungen (viel Nahrung durch liegen gebliebene Futterreste) und keine Feinde vorgefunden haben.
Was Sie tun können: Setzen Sie keine chemischen Schneckenmittel im laufenden Aquarium ein! Schnecken sind nicht schädlich, außer dass sie gelegentlich an Wasserpflanzen nagen. Sie können versuchen, die Schneckenplage einzudämmen, werden sie aber nie vollständig vernichten können. Das ist aber auch nicht nötig. Stellen Sie am besten eine selbst gefertigte Schneckenfalle auf: Platzieren Sie eine Untertasse mit einer

Wenige Schnecken sind in den meisten Aquarien willkommen, bei Nahrungsüberangebot, z. B. durch Überfütterung der Fische, kann es aber zu einer Massenvermehrung kommen.

Futtertablette darauf im Aquarium und stülpen Sie einen durchlöcherten Joghurtbecher (Schnecken passen durch, Fische aber nicht) darüber. Die angelockten Schnecken sammeln sich über Nacht im Joghurtbecher und können so abgesammelt werden. Plastikschneckenfallen gibt es übrigens auch im Zoofachhandel zu kaufen. Auch Schnecken fressende Fische können Abhilfe schaffen. Dazu ist aber ein sorgfältiger Abgleich der Vergesellschaftungs- und Pflegebedürfnisse nötig. Schnecken fressende Fische sind Kugelfische, Prachtschmerlen, aber auch Afrikanische Schneckenbuntbarsche. Viele Kugelfisch-Arten und Prachtschmerlen werden sehr groß und sind gegenüber artfremden Fischen aggressiv.

Schmieralgenplage

Situation: Vor allem in den ersten Wochen und Monaten nach der Einrichtung überzieht ein zusammenhängender dunkelgrüner oder blaugrüner »Teppich« von schmierigen Algen sowohl den Bodengrund als auch Einrichtungsgegenstände und Pflanzen. Das Aquarium weist nach Pflegearbeiten einen modrigen Geruch auf.
Ursache: Ihr Aquarium leidet unter einer Blaualgenplage. Blaualgen sind eigentlich keine Algen, sondern Bakterien, die sich rasend schnell vermehren können – allerdings ist nicht immer genau herauszufinden, warum ...
Was Sie tun können: Saugen Sie alle Algenbeläge mit einem dicken Schlauch

1 **Bei Killifischen** (hier *Fundulopanchax gardneri*) und vielen anderen Arten konkurrieren die Männchen mit Imponier- und Kampfhandlungen um die Gunst und den Zugang zu den Weibchen.

2 **Bei brutpflegenden Arten** steigert sich die Aggressivität der pflegenden Eltern gegenüber anderen Arten noch einmal mit dem Freischwimmen der Jungfische. Eventuell müssen »Beifische« herausgefangen werden.

Störwelse sind sensible Anzeiger für sich verschlechternde Wasserqualität.

beim großzügigen Wasserwechsel ab. Halten Sie das Aquarium möglichst dunkel und setzen Sie einen Oxydator ein (→ Seite 24). Füttern Sie nur sparsam und wiederholen Sie die Absaugprozedur (inklusive starkem Wasserwechsel), sobald sich Anfänge eines neuen Algenteppichs bilden. Falls Sie ein gut bepflanztes Aquarium mit lichtbedürftigen Pflanzen haben, setzen Sie eine größere Menge flutende und schnellwüchsige Pflanzen, z. B. Hornkraut, ein und beleuchten sie weiter normal. Überprüfen Sie in Abständen von wenigen Tagen die Wasserwerte Nitrit und Nitrat und halten Sie diese durch Wasserwechsel niedrig. Nur wenn alles nichts hilft, setzen Sie ein spezielles Anti-Blaualgenmittel aus dem Zoofachhandel ein. Normalerweise stabilisieren sich aber die Wasserverhältnisse nach einigen Wochen in einem blaualgenunfreundlichen Bereich, und sie verschwinden so unerklärlich, wie sie gekommen sind. Sie können die Stabilisierung der Wasserwerte durch vorübergehende Zeolithfilterung unterstützen (→ Seite 23).

Den Fischen geht es schlecht

Situation: Nach einem Wasserwechsel atmen die Fische heftig, oft stehen sie dicht unter der Wasseroberfläche. Eine pH-Wert-Messung ergibt Werte über 7.
Mögliche Ursache: Eine Ammoniakvergiftung nach einem plötzlichen pH-Sprung über 7. Ammoniak ist ein Gift, das beim Abbau von biologischen Abfallprodukten entsteht, aber normalerweise durch Filterbakterien über verschiedene Stufen zu Nitrat weiterverarbeitet wird. Liegt der letzte Wasserwechsel längere Zeit zurück, ist das Becken überbesetzt oder hat sich aus anderen Gründen zu viel biologischer Abfall angesammelt, den die Bakterien nicht vollständig weiterverarbeiten können (weil die Filterkapazität nicht ausreicht), entsteht bei pH-Werten unter 7 das relativ ungiftige Ammonium als Zwischenprodukt. Steigt der pH-Wert durch einen Wasserwechsel mit alkalischem (Leitungs-)Wasser auf über 7, wandelt sich das Ammonium in giftiges Ammoniak um und verursacht Vergiftungserscheinungen bei den Fischen.
Was Sie tun können: Wechseln Sie vorsichtig 90 Prozent des Aquarienwassers, um die giftigen Abfallprodukte fast voll-

Wir möchten Urlaub machen ...

Unsere Tochter hat ein Aquarium. Wir möchten gern drei Wochen mit ihr in Urlaub fahren. Doch sie weigert sich, ihr Aquarium allein zu lassen. Wie können wir sie überzeugen, dass ihre Fische gut versorgt sind, wenn wir gemeinsam wegfahren?

BESPRECHEN SIE AM BESTEN gemeinsam mit Ihrer Tochter die Möglichkeiten für eine 3-wöchige Betreuung. Natürlich müssen Sie bei längerer Abwesenheit für regelmäßige Fütterung, Kontrolle der Technik und eventuell auch für einen Wasserwechsel sorgen. Deshalb brauchen Sie eine kompetente und zuverlässige Person, die die Pflege Ihres Aquariums übernimmt.

Urlaubsvertretung

Etwa zwei Wochen vor dem Urlaub sollten Sie beginnen, Ihre Urlaubsvertretung in das Aquarium einzuweisen, um sicherzustellen, dass alle Handgriffe verstanden und auch schon einmal gemeinsam ausgeführt wurden. Dies ist gleichzeitig eine gute Gelegenheit zu prüfen, ob alle technischen Geräte hundertprozentig und einwandfrei funktionieren, damit im Zweifelsfall noch Zeit für die Beschaffung und das Testen von Ersatzgeräten bleibt. Das gilt besonders für den Futterautomaten, falls er während Ihrer Urlaubszeit zum Einsatz kommt. Um optimale Bedingungen zu schaffen, sollten Sie das Aquarium vor dem Urlaub vorbereiten: Wechseln Sie zwei Tage vor der Abreise etwa 50 Prozent des Aquarienwassers. Stellen Sie für einen eventuell nötigen Wasserwechsel genügend vorbereitetes Wasser zur Verfügung. Besorgen Sie ausreichend Futter. Bestücken Sie für die erste Woche einen Futterautomaten, falls Ihre Fische Trockenfutter nehmen (länger sollte Futter nicht im Futterautomaten verbleiben). Portionieren Sie die Futterrationen, die Ihre Urlaubsvertretung den Fischen geben soll, vor, damit es nicht zu einer versehentlichen Überfütterung und damit zu einer starken Wasserbelastung kommt. Um auftretende Fragen klären zu können, tauschen Sie vor dem Urlaub Telefonnummern oder E-Mail-Adressen aus. Besprechen Sie aber im Voraus eventuell auftretende Problemsituationen (z. B. Filter läuft nicht mehr, Fische werden krank, ein toter Fisch liegt im Aquarium ...).

Fastenzeit

Übrigens: Bis zu einer Woche können Sie Ihr bis dato problemlos laufendes Aquarium gut ohne Betreuung und Fütterung alleine lassen, denn gesunde ausgewachsene Fische, ab etwa einer Gesamtlänge von 4 cm, vertragen ohne Probleme eine einwöchige Fastenzeit. Und: Verwenden Sie kein so genanntes »Depotfutter«, denn seine Bestandteile können das Wasser stark belasten, falls es von den Fischen nicht angenommen wird.

ständig aus dem Aquarium zu entfernen. Reinigen Sie den Filter und saugen Sie den Bodengrund ab. Bei anspruchsvollen Fischen, die keinen massiven Wasserwechsel vertragen, kann man auch den pH-Wert mit so genannten pH-Minus-Produkten aus dem Zoofachhandel langsam (!) und unter ständiger pH-Kontrolle auf unter 7 senken. Damit wandeln Sie das Ammoniak wieder in Ammonium zurück, entfernen es aber nicht. Führen Sie daher über mehrere Tage Teilwasserwechsel mit vorbereitetem Wasser durch (→ Seite 57). Auch Zeolithfilterung (nach Gebrauchsanweisung!) hilft die Ammonium/Ammoniakwerte niedrig zu halten und kann vorübergehend eingesetzt werden.

Der Nitratwert lässt sich nicht senken

Situation: Sie haben den Nitratwert vor und direkt nach dem Wasserwechsel in Ihrem Aquarium gemessen und stellen keine oder nur sehr geringe Besserung fest. Meist haben Sie zusätzlich Algenprobleme. Bei der Messung des Leitungswassers entdecken Sie Nitratwerte, die deutlich über 20 mg/l, manchmal über 50 mg/l liegen.

Ursache: Bereits Ihr Leitungswasser ist mit Nitrat und möglicherweise auch mit anderen Schadstoffen (Phosphate, Pestizide) belastet.

Was Sie tun können: Setzen Sie zur Wasseraufbereitung eine Umkehrosmose-Anlage ein (aus dem Zoofachhandel). Sie produziert fast destilliertes Wasser, aber separat auch Restwasser, das Sie z. B. zum Blumengießen verwenden können. Umkehrosomosewasser ist auch größtenteils frei von Schadstoffen, aber eben auch von Härtebildnern, weshalb es nur für extreme Weichwasserfische (Wassertyp 1) als Aquarienwasser einsetzbar ist. Normalerweise müssen Sie, je nach Pflegeansprüche der Fische, dem Umkehrosmosewasser Salze (aus dem Zoofachhandel) hinzufügen, bis der optimale Wassertyp eingestellt ist.

Großfische müssen mit beträchtlichen Futtermengen, die das Wasser sehr belasten können, gefüttert werden.

Fragen rund um Haltungsprobleme

? Ich habe im Gartencenter Haibarben, Haiwelse und Minihaie gekauft. Obwohl mir gesagt wurde, dass sich die Fische der Beckengröße anpassen, sind die Fische jedoch in meinen Meterbecken sehr groß geworden, teilweise über 20 cm lang. Was soll ich jetzt machen?
Sie haben sich beim Kauf der Fische nicht ausreichend informiert und sind falsch beraten worden. Versuchen Sie, die Fische an befreundete Aquarianer, die größere Becken besitzen, abzugeben. Wurden Sie falsch beraten, werden verantwortungsvolle Zoofachhändler die Tiere zurücknehmen, um sie an Kunden mit geeigneteren Pflegebedingungen weiterzuvermitteln. Auch über das Internet können Sie versuchen, auf speziellen Aquarianerseiten Ihre Fische an verantwortungsvolle Interessenten zu verschenken. Lässt sich wirklich niemand finden, der die Fische in Pflege nimmt, sollten Sie sich ein größeres Aquarium anschaffen, um den Fischen einen geeigneten Lebensraum zu bieten.

? Auf den Wasserpflanzen hat sich ein weißer, krustiger Belag gebildet. Der pH-Wert ist auf Werte über 8 angestiegen. Woran liegt das?
Die Wasserpflanzen leiden Mangel an dem wichtigen Pflanzennährstoff Kohlendioxid. Besonders häufig tritt dies bei Aquarienwasser mit hoher Karbonathärte auf, denn in karbonathartem Wasser (z. B. Wassertyp 5–6) ist wenig Kohlendioxid für die Pflanzen verfügbar. Um den Mangel an Kohlendioxid auszugleichen, bedienen sich die Pflanzen des Kohlenstoffs, der in den Karbonathärtebildnern enthalten ist. Dabei entsteht der für die Pflanzen schädliche Kalkbelag auf den Blättern, und der pH-Wert steigt. Abhilfe können Sie nur durch Mischen mit karbonatarmem Wasser (z. B. Umkehrosmosewasser) und/oder Kohlendioxiddüngung schaffen. Zur Kohlendioxiddüngung im Aquarium gibt es verschiedene konkurrierende Verfahren – lassen Sie sich vom Zoofachhandel beraten, welche Methode für Ihre Beckengröße, Wasserwerte und finanziellen Möglichkeiten sinnvoll ist.

? Überall im Aquarium bilden sich frischgrüne Algenbeläge aus dichten kurzen oder etwas längeren fädigen Algen. Schleimige Überzüge bilden sich aber nicht. Was soll ich dagegen unternehmen?
In den meisten Fällen ist der Nährstoffgehalt des Aquarienwassers durch zu seltenen Wasserwechsel, starken Fischbesatz oder starke Fütterung zu hoch. Manchmal ist ein Missverhältnis zwischen Beleuchtung, Düngung und Wasserpflanzenwachstum schuld daran. Gedüngt werden dürfen Wasserpflanzen nur

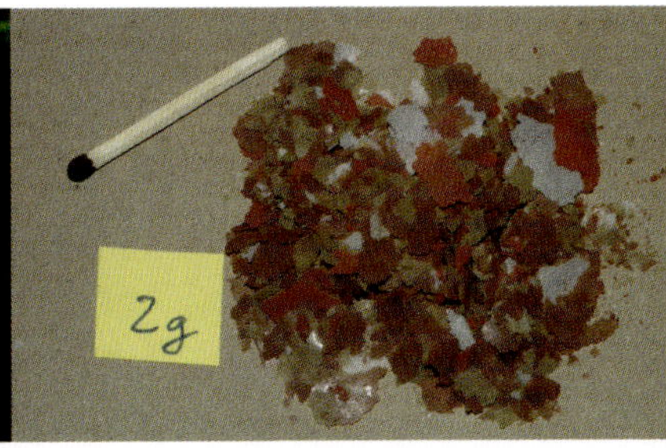

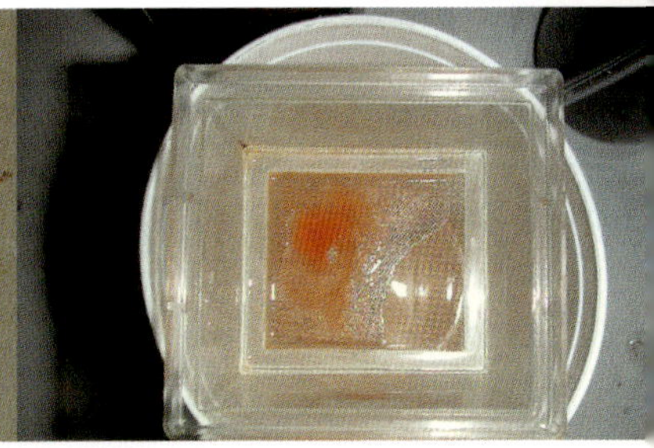

in dem Maße, in dem sie Nährstoffe verbrauchen. Ein leichtes Grünalgenwachstum ist aber im Gegensatz zu exzessivem Faden- oder Blaualgenwachstum nicht schädlich, sondern zeigt oft gute Wasserbedingungen an. Bei übermäßigem Wachstum senken Sie zunächst eine eventuell zu hohe Nährstoffbelastung des Wassers durch Wasserwechsel. Auch Zeolithfilterung reduziert den Anteil organischer Stoffwechselprodukte. Fadenalgen können mit einem Stöckchen »aufgewickelt« und entfernt werden. Grünalgen fressende Fische, allen voran Blaue Antennenwelse für größere Aquarien und Ohrgitterharnischwelse für kleinere Becken, helfen anschließend die Grünalgen kurz zu halten. Auch Amano-Garnelen fressen gern Fadenalgen. Bedenken Sie aber beim Einsatz von tierischen Algenfressern, dass diese nach der Algenvernichtung weiter Grünfutter benötigen. Auch können nicht alle Arten problemlos miteinander vergesellschaftet werden. Informieren Sie sich z. B. anhand der Besatzvorschläge auf den Seiten 72 bis 119 über eine mögliche Vergesellschaftung.

? In meinem Aquarium jagt das größere Buntbarsch-Männchen das kleinere Weibchen. Wie kann ich das Weibchen schützen?

Auch bei Buntbarschpaaren (und sehr vielen anderen Fischen) gibt es häufig Probleme, wenn sie auf engem Raum zusammenleben. Während sich die Fische in der Natur aus dem Weg gehen können, ist das im Aquarium nicht möglich. Passen die ausgewählten Paarpartner trotz Artgleichheit aufgrund individueller Vorlieben nicht zusammen oder haben sie sich z. B. nach einer erfolglosen Brutpflege »verkracht«, kann es zu ernsthaften Verletzungen des schwächeren durch das dominantere Tier kommen – vor allem, wenn es keine Rückzugsmöglichkeiten gibt. Es gibt verschiedene Methoden, eine Paarung neu oder wieder anzubahnen: Eine Möglichkeit ist, die Streithähne durch eine Glasscheibe zu trennen, sodass sie sich weiter sehen können. Bei guter Fütterung gewöhnen sich die beiden oft (wieder) aneinander und können nach einiger Zeit – zunächst testweise – zusammen gelassen werden. Eine Alternative in etwas größeren Becken ist es, eine große Menge zusätzlicher Versteckplätze zu schaffen, am besten solche, in die der kleinere Fisch passt, der größere aber nicht. Besonders eignen sich dazu entsprechende PVC-Rohrstücke, die nahe der Wasseroberfläche mit einem plastikummantelten Draht eingehängt werden. Hier sucht der größere oft gar nicht. Der kleinere kann sich dort sicher zurückziehen und trotzdem um die Gunst des größeren werben. Nach einiger Zeit klappt es meist mit der Verpaarung.

Tiersitter-Pass

Sie möchten in Urlaub fahren, und ein Tiersitter kümmert sich um Ihr Aquarium? Hier können Sie alles aufschreiben, was Ihre Urlaubsvertretung wissen sollte. So sind Ihre Fische bestens versorgt, und Sie können Ihren Urlaub in vollen Zügen genießen!

Aquarientyp:

Filtertyp und Filtermaterial:

Beleuchtung:

Welche Fische sind im Aquarium?

Wie viele Fische sind im Aquarium?

Futtersorten:

Wie oft füttern:

In welcher Menge füttern:

Bei der Beckenkontrolle beachten:

So häufig muss das Wasser gewechselt werden:

Woher das Wasser für den Teilwasserwechsel kommt:

Diese Wasserwerte regelmäßig kontrollieren:

Weitere Pflegemaßnahmen:

Wenn ein Fisch tot im Becken liegt:

Wenn das Aquarium leck ist:

Adresse für Notfälle:

Meine Urlaubsadresse und Telefon:

REGISTER

Die **halbfett** gesetzten Seitenzahlen verweisen auf Abbildungen.

A

B

C

D

E

F

G

H

I

J

K

L

VERBÄNDE/ VEREINE

Verband Deutscher Vereine für Aquarien- und Terrarienkunde e. V. (VDA),
Geschäftsstelle: Hans Stiller, Luxemburger Str. 16, D-44789 Bochum, www.vda-online.de
Der VDA kann Ihnen einen Verein in Ihrer Nähe nennen und auch bei Problemen weiterhelfen.

Bundesverband für fachgerechten Natur- und Artenschutz e. V. (BNA), PF 1110, D-76707 Hambrücken, www.bna-ev.de

Oberösterreichischer Verband für Vivaristik und Ökologie (OÖVVÖ), Hans Esterbauer (Präsident), Johann-Puch-Str. 27/III/5, A-4400 Steyr, www.ooevvoe.at

Institut für Zoologie, Fischereibiologie und Fischkrankheiten der Tierärztlichen Fakultät der LMU München,
Kaulbachstr. 37, D-80539 München, www.vetmed.uni-muenchen.de/zoofisch

Klinik für Vögel, Reptilien, Amphibien und Fische, Universität Giessen, Frankfurter Str. 87, D-35392 Giessen, www.vetmed.uni-giessen.de

Fragen zur Aquaristik beantworten:

Ihr Zoofachhändler und der Zentralverband Zoologischer Fachbetriebe Deutschlands e. V. (ZZF)
Tel. 06103/910732 (nur telefonische Auskunft möglich: Mo 12–16 Uhr, Do 8–12 Uhr), www.zzf.de

Empfehlenswerte Internetadressen:

Eine wichtige Internetseite, die viele Aspekte der Pflege von Wirbellosen abdeckt, ist: www.wirbellose.de

Das Bundesamt für Naturschutz erteilt Auskünfte zu Arten- und Naturschutzfragen.
www.bfn.de

Hier finden Sie viele Tipps und Informationen rund um die Aquaristik.
www.aquaristik-forum.de

Es gibt eine unüberschaubare Fülle von speziellen Internetadressen zum Thema Aquaristik. Hier auch nur eine kleine Auswahl zu treffen, würde den Rahmen dieses Ratgebers sprengen.

Sachversicherung:

Deutscher Ring, Ludwig-Erhard-Str. 22, D-20459 Hamburg, www.deutscherring.de

ZEITSCHRIFTEN

DATZ. Aquarien- und Terrarien-Zeitschrift. Verlag Eugen Ulmer, Stuttgart

Aquaristik Fachmagazin. Tetra Verlag GmbH, Berlin

BÜCHER, DIE WEITERHELFEN

Gutjahr, Axel: *Aquarien einrichten.* Gräfe und Unzer Verlag, München

Kasselmann, C: *Aquarienpflanzen.* Ulmer Verlag, Stuttgart

Kölle, P.: *300 Fragen zum Aquarium.* Gräfe und Unzer Verlag, München

Lukhaup, C: *Süßwasserkrebse aus aller Welt.* Dähne Verlag

Pinter, H.: *Handbuch der Aquarienfischzucht.* Ulmer Verlag, Stuttgart

Schäfer, F: *Mein Zwergkrallenfrosch.* Aqualog Verlag

Schäfer, F.: *Brackwasserfische.* Aqualog Verlag, Rodgau

Schliewen, U.: *Aquarienfische von A–Z.* Gräfe und Unzer Verlag, München

Schliewen, U.: *Kleine Aquarien.* Gräfe und Unzer Verlag, München

Freude am Tier

GU Mein Heimtier – da steckt mehr drin

ISBN 978-3-7742-8834-8
144 Seiten, mit Poster

ISBN 978-3-8338-0153-2
144 Seiten, mit Poster

Preis je Band: 12,90 € [D]

Änderungen und Irrtum vorbehalten.

Das macht sie so besonders:

Praxiswissen vom Experten – bestens informiert

Aktivtest Mein Heimtier – lernen Sie Ihr Tier verstehen

Info-Poster – liebevolle Gedächtnisstütze

G|U

Willkommen im Leben.

Bildnachweis

Anders: 119-1; Aquapress: 97, 105, 113; Bork: 78, 82-12, 83, 95-5, U5-li, U6-li; Büscher: 15, 104, 106-3, 106-10, 107; Eheim-Aquaristik: 19-1; Eigelshofen: 130-li; Giel: 62, 132; Giesemann-Aquaristik: 19-2; Hartl: 51, 64, 69, 71-li, 71-re, 74, 75, 79-2, 95-3, 95-6, 96, 98-6, 98-10, 103-12, 114-5, U3-mi; Hecker: 31, 35-u, 119-2; Kahl: 1, 4, 20, 28-3, 30, 34-o, 34-mi-o, 34-mi-u, 34-u, 35-o, 35-mi-o, 35-mi-u, 45, 47-1, 47-2, 47-3, 47-4, 56, 65, 72, 77-neu, 79-4, 80, 81, 82-1, 82-4, 82-5, 82-6, 85, 87-2, 87-3, 88, 89, 90-2, 90-3, 90-4, 90-5, 90-9, 90-10, 92, 95-7, 95-11, 95-12, 103-1, 103-2, 106-2, 106-6, 109, 114-1, 114-3, 114-7, 114-9, 116, 119-5, 119-6, 119-8, 119-10, U1, U4-o-li, U4-o-re, U4-u-li, U4-u-re, U5-re, U6-re; Kölle: 66-u; Koslowski: 2-o, 22, 24, 25-li, 25-re, 28-1, 33, 50-2, 60-1, 66-o-re, 68-2, 71-mi, 82-3, 82-7, 82-10, 87-1, 87-6, 87-9, 87-11, 90-6, 90-11, 95-8, 98-12, 106-5, 106-11, 114-2, 117, 119-7, 119-9, 130-re, 131; Lamboj: 79-11, 87-8, 95-4, 98-7, 103-3, 106-1, 114-6, 120, 128; Linke: 7, 26, 28-2, 36, 37, 40, 79-1, 82-9, 86, 90-1, 94; Lucas: 2-u, 12, 48, 50-1, 59, 76, 79-9, 79-10, 79-12, 84, 87-4, 87-5, 90-12, 95-2, 119-11, 119-12, 121, U7; Niewenhuizen: 8, 79-7, 79-8, 87-7, 90-7, 90-8, 95-9, 103-5, 126, 129, U8; Peither: 5, 17, 39, 95-10, 114-11, 123, U2-u, U3-o; Reinhard: 115; Schliewen: 43; Schmida: 98-2, 98-3, 98-8, 99; Schmidbauer: 16, 52, 54, 60-3, 91, 102, 103-6, 112, 114-10, U3-u; Spreinat: 10, 19-3, 21, 42-1, 42-2, 53, 57, 60-2, 63, 66-o-li, 66-mi, 68-1, 87-12, 98-4, 100, 103-9, 106-8, 108, 110, 111-2, 111-3, 111-4, 111-5, 111-6, 111-7, 111-8, 111-9, 111-10, 111-11, 111-12, 119-4, 133, 135-li, 135-mi, 135-re; Staeck: 6, 27, 44, 49, 73, 79-5, 79-6, 98-1, 103-7, 106-12, 111-1, 114-8, 124, 125-li, 125-re, Poster; Weidner: 82-8; Werner: 9, 13-o, 13-u, 29, 38, 79-3, 82-11, 87-10, 93, 98-9, 101, 103-4, 103-8, 103-10, 103-11, 114-12, 118, 119-3, 122, U2-o; Zurlo: 82-2, 95-1, 98-5, 98-11, 106-4, 106-7, 106-9, 114-4.

© 2006 GRÄFE UND UNZER VERLAG GmbH, München. Alle Rechte vorbehalten. Nachdruck, auch auszugsweise, sowie Verbreitung durch Film, Funk, Fernsehen und Internet, durch fotomechanische Wiedergabe, Tonträger und Datenverarbeitungssysteme jeder Art nur mit schriftlicher Genehmigung des Verlages.

Redaktion: Christine Axmann, Gabriele Linke-Grün
Bildredaktion: Adriane Andreas
Umschlaggestaltung: independent Medien-Design
Innenlayout: independent Medien-Design
Satz: Christopher Hammond
Herstellung: Susanne Mühldorfer
Repro: Fotolito Longo, Bozen
Druck und Bindung: Druckhaus Kaufmann, Lahr

ISBN 978-3-8338-0449-6

3. Auflage 2007

Wichtige Hinweise

Die in diesem Buch beschriebenen elektrischen Geräte für die Aquarienpflege müssen das gültige TÜV-Zeichen tragen. Beachten Sie die Gefahren im Umgang mit elektrischen Geräten und Leitungen, besonders in Verbindung mit Wasser.

DAS ORIGINAL MIT GARANTIE GU

Das Original mit Garantie

Ihre Meinung ist uns wichtig.

Deshalb möchten wir Ihre Kritik, gerne aber auch Ihr Lob erfahren. Um als führender Ratgeberverlag für Sie noch besser zu werden. Darum: Schreiben Sie uns! Wir freuen uns auf Ihre Post und wünschen Ihnen viel Spaß mit Ihrem GU-Ratgeber.

Unsere Garantie: Sollte ein GU-Ratgeber einmal einen Fehler enthalten, schicken Sie uns das Buch mit einem kleinen Hinweis und der Quittung innerhalb von sechs Monaten nach dem Kauf zurück. Wir tauschen Ihnen den GU-Ratgeber gegen einen anderen zum gleichen oder einem ähnlichen Thema um.

Ihr Gräfe und Unzer Verlag
Redaktion Haus und Garten
Stichwort: Mein Heimtier
Postfach 86 03 25
81630 München
Fax: 089/41981-113
E-Mail: leserservice@graefe-und-unzer.de

GRÄFE UND UNZER

Ein Unternehmen der
GANSKE VERLAGSGRUPPE

100 JAHRE GANSKE VERLAGSGRUPPE